T0161134

DESCARTES, CORNEILLE
CHRISTINE DE SUÈDE

BIBLIOTHÈQUE DES TEXTES PHILOSOPHIQUES

Fondateur : Henri GOUHIER   Directeur : Jean-François COURTINE

Ernst CASSIRER

DESCARTES, CORNEILLE
CHRISTINE DE SUÈDE

TRADUIT PAR

Madeleine FRANCÈS et Paul SCHRECKER

Troisième tirage

PARIS

LIBRAIRIE PHILOSOPHIQUE J. VRIN

6, Place de la Sorbonne, Ve

1997

© *Librairie Philosophique J. VRIN,* 1997
ISBN 2-7116-0115-3
Printed in France

I

DESCARTES ET CORNEILLE

CHAPITRE PREMIER

LES AFFINITÉS PSYCHOLOGIQUES ET MORALES[1]

Le *Discours de la Méthode* de Descartes paraît dans la première moitié de l'année 1637, immédiatement après la première représentation du *Cid* à Paris et dans le plein éclat de la gloire de Corneille. Le début d'une époque nouvelle de la poésie française coïncide avec le renouvellement des bases de la philosophie par Descartes. Devons-nous voir là une rencontre fortuite dans le temps, ou les deux événements sont-ils rattachés par un lien spirituel ? Peut-on réunir le monde des pensées de Descartes et le monde poétique de Corneille ? Les tentatives dans ce sens n'ont point manqué ; plusieurs chercheurs sont allés jusqu'à voir dans la philosophie de Descartes l'élan qui a ranimé la poésie et donné leur forme aux principes esthétiques du classicisme français[2]. Mais cette position n'est pas tenable. Dans une étude sur l'influence exercée par la philosophie cartésienne sur la littérature française, Gustave Lanson fait remarquer que la simple considération de la chronologie suffit à réfuter une thèse de ce genre. L'action de la philosophie cartésienne se fait sentir à une époque où le drame classique existait déjà sous ses principaux traits caractéristiques et où il avait atteint son véritable apogée. L'identité de l'esprit du cartésianisme et de la littérature française classique peut d'autant moins être affirmée qu'un trait fondamental les distingue. Le classicisme français se réfère, en théorie aussi bien qu'en pratique,

(1) Les citations empruntées aux œuvres de CORNEILLE se réfèrent à l'édition de MARTY-LAVEAUX (Collection : *Les Grands Ecrivains de la France*), Paris, 1862. — Les citations de DESCARTES renvoient à l'édition ADAM-TANNERY.

(2) G. KRANTZ, *Essai sur l'Esthétique de Descartes*, Paris, 1882.

aux modèles antiques et n'a pas d'ambition plus haute que de
les égaler. La philosophie de Descartes, au contraire, a rompu
avec cette conception. Elle rejette tout ce qui n'est qu'imitation ;
elle exige un point de départ radicalement nouveau. Or cette
exigence n'a pu se faire accepter que lentement et pas à pas par la
poétique du XVIIᵉ siècle, entièrement inféodée à Aristote et dominée par un véritable culte d'Aristote. En ce point divergent
les chemins de l'esthétique et de la nouvelle philosophie françaises.
Chapelain, l'un des premiers et des plus stricts «législateurs» de la
poésie classique, veut instaurer, dans la poésie même, le règne
de la raison. Mais il n'en reste pas moins un strict traditionaliste ;
« sa raison », a-t-on dit, « ne lui servait qu'à trouver des raisons
de penser comme Aristote »[1].

Bien que Lanson combatte résolument la thèse en vertu de
laquelle Descartes serait le « père du classicisme », il est bien
loin de nier certain rapport intime entre le drame de Corneille et
la philosophie de Descartes. Mieux, une analyse pénétrante de
la « psychologie » de Descartes et de celle de Corneille le conduit
à la conclusion que les points de contact ne sont pas extérieurs,
mais que tous deux s'accordent complètement sur le fond et
sur les principales conséquences « Il y a non seulement ana-
logie », dit-il, « mais identité d'esprit, dans le *Traité des Passions* et dans la tragédie cornélienne »[2]. Pour comprendre cette
identité, il nous faut, d'après Lanson, revenir à la source où Descartes a puisé aussi bien que Corneille. Nous ne devons pas oublier
que tous deux avaient sous les yeux une *réalité*, qui modelait leur
pensée et leur poésie, les orientant vers une direction déterminée.
« Le philosophe et le poète ont travaillé tous les deux sur le
même modèle : l'homme que la société française présentait communément au début du XVIIᵉ siècle. Une réalité qui, en eux-
mêmes et hors d'eux-mêmes, commandait à leurs conceptions,

---

(1) RENÉ BRAY, *La formation de la doctrine classique en France*, Paris, 1926,
p. 125. Voir *Ibid.*, p. 49, des documents caractéristiques touchant le « culte d'Aristote » dans la poétique du XVIIᵉ siècle.
(2) G. LANSON, Le héros cornélien et le « généreux » selon Descartes, *Revue
d'Histoire littéraire de la France*, 1894 (réimprimé dans *Hommes et livres*, Paris,
1895) ; cf. LANSON, L'influence de la philosophie cartésienne sur la littérature française, *Revue de Métaphysique et de Morale*, 1896 (réimprimé dans *Etudes d'Histoire Littéraire*, Paris, 1930, p. 58). La même conception du rapport existant entre
le classicisme français et Descartes est soutenue aussi par MORNET, *Histoire de
la clarté française*, Paris, 1929, p. 60 et suiv.

rend seule compte de l'étonnante identité qu'on y remarque...
Il faut nous garder des affirmations absolues et téméraires,
quand la vérité psychologique des caractères dessinés par un
auteur ne nous apparaît pas, quand ils choquent notre conception familière. A chaque époque, la littérature fait prévaloir
un type, conforme au goût, à l'état moral et physique du public
qui est à la fois le modèle et le juge... Le type intellectuel et actif,
réfléchi et volontaire, nous échappe. Nous le nions : nous accu-
sons Corneille de l'avoir inventé. Mais Descartes nous avertit
que Corneille n'a pas rêvé. Ils ont décrit l'un et l'autre une fermeté
d'âme commune en leur temps, et l'idéal où cette forme d'âme
tendait. »[1].

Mais est-ce vraiment la réalité empirique seule, l'instant historique, commun à Descartes et à Corneille, qui établit la liaison entre eux deux ? On ne le croira guère probable *a priori*,
ou du moins on ne croira pas que tel en fut l'unique et suffisant
motif, quand on pense à la manière dont Descartes, en tant
que penseur, et Corneille, en tant qu'artiste, abordent cette
même réalité. Descartes est partout le strict théoricien, l'esprit
systématique qui cherche à comprendre tout phénomène particulier en le tirant de ses derniers principes, de causes généralement valables. Son but est la pure déduction, — et, si cette dernière doit avoir une vraie valeur de connaissance, elle ne doit
être mêlée de rien d'empirique ni de fortuit. Aussi la psychologie
cartésienne n'entend-elle pas nous faire voir une « forme d'âme »
précise, avec ses caractères et particularités, ni nous la décrire en
détail. L'ouvrage de Descartes sur *Les Passions de l'Ame* veut
peindre simplement l'homme, — or cette peinture doit être dé-
pouillée de tous traits individuels et de toutes déterminations
temporelles. Mais Corneille n'entend non plus pas l'imitation,
qu'il assigne pour but à la poésie, dans ce sens que l'œuvre poétique doive exprimer le particulier, l'unique, le temporellement déterminé. Son art aspire également au général, conformément à la
conception d'Aristote qui distingue la poésie de l'histoire, en ce que
l'une a pour objet le général, l'autre le particulier, l'une le possible
et l'autre le réel. Il ne veut pas peindre l'homme de telle époque,
mais « l'homme ». Il veut, comme Lanson lui-même le souligne,
représenter ses héros dans leur « humanité », non dans la parti-

(1) LANSON, *Hommes et livres*, p. 132 et suiv.

cularité de leur existence historique, ni de leur situation historique[1]. Si donc il est impossible de méconnaître, pour cette raison, l'existence entre Descartes et Corneille d'un rapport direct et profond, nous ne pouvons cependant pas nous en tenir à l'explication donnée par Lanson de ce rapport : il nous faut chercher une autre interprétation.

Nous la trouverions très simplement si, avec nombre de chercheurs, nous admettions qu'en effet Descartes n'a point directement agi sur Corneille, mais Corneille sur Descartes. Dans ses études sur la littérature et la philosophie du XVIIe siècle, Faguet a soutenu que l'art de Corneille aurait exercé sur Descartes une influence forte et durable. Mieux, qu'il aurait directement inspiré le Traité de Descartes sur les Passions[2]. Cependant, cette version aussi soulève des réserves nombreuses et qu'on n'écarte point sans peine. Il est vrai que Descartes n'était nullement fermé au charme de la poésie et qu'en ce domaine également il pouvait éprouver de fortes impressions. L'autobiographie intellectuelle du *Discours de la Méthode* nous apprend que, dès ses années de jeunesse et d'apprentissage, il a été « amoureux de la Poésie ». Dans sa maturité même de penseur, Descartes n'a pas oublié ces impressions de jeunesse. Il vante, dans le *Discours*, tant la force et l'inégalable beauté de l'éloquence que les « délicatesses et les douceurs » de la poésie. Mais rien ne vient suggérer qu'il leur ait laissé prendre la moindre influence sur ses convictions philosophiques et scientifiques[3]. La « Méthode » devait tracer ici une nette ligne de séparation. Sa fin principale consiste à distinguer la réalité de l'apparence, le vrai du faux. La poésie, au contraire, d'après Descartes, se meut précisément dans une région intermédiaire. Elle enveloppe la vérité du vêtement de la fable et sait donner à la fable l'apparence de la vérité. Aussi représente-t-elle, si grands que puissent être son charme et ses privilèges, un danger permanent pour la connaissance philosophique, qui ne doit pas

(1) Cf. LANSON, *Corneille*, 4e éd., Paris, 1913, p. 179.
(2) Cf. FAGUET, *Dix-septième siècle, Etudes littéraires*, Paris, s. d., p. 175.
(3) Sans doute, VOLTAIRE a-t-il prétendu que la nature avait fait Descartes presque poète et que son imagination poétique s'était donné cours même dans la construction de sa philosophie (voir *Lettres sur les Anglais*, Lettre XIV : Sur Descartes et Newton). Mais ce jugement ne devra pas être pris trop au sérieux, car l'ironie du ton est indéniable. En ces termes, ce n'est pas le psychologue Voltaire qui parle, mais le polémiste qui veut opposer, au « roman cartésien de la nature », la manière sobre et sévère de Newton.

permettre une semblable confusion, mais s'appuyer uniquement sur des idées claires et évidentes. A cet égard, Descartes, en tant que philosophe, n'attache pas à la poésie de plus grande valeur que Platon. Ainsi s'éclaire l'attitude qu'il a prise vis-à-vis de la création poétique de son temps. Ses lectures semblent s'être restreintes surtout aux auteurs anciens. Il y découvrait le même charme qu'on ressent à voyager en des pays éloignés ; c'était comme s'il avait conversé avec les meilleurs esprits des siècles passés (cf. *Discours*, A.-T., VI, 6). A la poésie moderne, par contre, Descartes semble n'avoir accordé que peu d'attention. Sa correspondance nous livre bien quelques réminiscences isolées de la poésie italienne de la Renaissance[1] ; mais précisément le nom du grand poète de son temps, le nom de Corneille, n'y apparaît nulle part. Dans sa retraite hollandaise, Descartes n'a probablement guère eu l'occasion de connaître le drame de Corneille, ni d'en recevoir une forte impression. Bien moins encore aurait-il pu subir une influence décisive de Corneille pour une doctrine aussi cardinale que sa théorie des passions.

Et pourtant, ne discernerait-on pas, malgré tout, entre la philosophie de Descartes et la poésie de Corneille un lien purement *idéal* ? Si nous devons renoncer à l'affirmation — pour parler comme Leibniz — de tout « influx physique », n'y aurait-il pas entre les deux auteurs une sorte d' « harmonie préétablie » ? Cette harmonie deviendra visible, si nous considérons qu'il existe un grand thème universel que tous deux, chacun à sa manière et dans le monde spirituel qui lui est propre, ont traité. Ce thème n'est autre que celui dont est animé tout le monde moderne, depuis les premières heures de la Renaissance, depuis l'apparition d'une forme nouvelle de pensée et de poésie. Dans l'expression de la poésie moderne, comme dans celle de la philosophie moderne, se révèle la relation neuve, constituée entre le sujet et l'objet, entre le moi et le monde, aux siècles de transition qui nous font passer du Moyen Age à l'époque moderne. C'est dans la conception et la représentation de ce rapport que Descartes et Corneille se rencontrent. Là, et non dans les conditions purement extérieures de leur entourage, est la source spirituelle d'où découle la création de l'un et de l'autre.

Nous pouvons suivre cette affinité dans une double direction,

(1) Cf. Lettre à Fermat, du 27 juillet 1638, II, 280.

en ce qui concerne la psychologie comme en ce qui concerne la morale. Pour caractériser l'originalité de la psychologie cartésienne vis-à-vis de la psychologie aristotélicienne il nous faut revenir encore à la méthode de Descartes. Chez Aristote, la doctrine touchant l'âme humaine se développe comme partie d'une doctrine générale de la vie ; sa psychologie ne constitue qu'un chapitre dans le plan d'ensemble d'une biologie générale. Et le procédé qu'il met en œuvre est, en l'essentiel, empirique ; il tend à examiner les phénomènes de la vie, à les comparer et, partant de cette comparaison, à établir entre eux un ordre hiérarchique. Les lacunes de l'observation étant comblées par des analogies, des inductions et des réflexions théoriques, on obtient ainsi le tableau total des formes de la vie, et aussi la place particulière prise par l'homme dans ce tableau. De tout cela, la psychologie de Descartes ne se préoccupe pas. Car la métaphysique cartésienne a tranché d'un coup net le lien qui relie l'homme à la nature organique. Elle connaît un seul attribut qui caractérise et distingue l'homme : la conscience. Rien d'analogue n'y correspond chez aucun autre être de la nature, et nous ne pouvons pénétrer plus loin dans sa connaissance par la voie d'une observation objective ou d'une induction comparative. Aucune « expérience », si loin qu'elle soit poussée, ne nous apprendra ce qu'est l'âme, non dans ses simples effets ou relations extrinsèques, mais en elle-même ; seule en décidera une analyse conceptuelle. Cette analyse montre comment et pourquoi la doctrine péripatético-scolastique des différentes espèces d'âme, isolées et désignées par leurs différentes fonctions, n'est pas tenable. Il n'y a pas d'âme « végétative », ni d'âme « sensitive ». L'âme ne peut être qu'une, aussi sûrement que la conscience est une. Cette unité inconditionnée et inaliénable de la conscience se manifeste à nous dans l'acte de la pensée pure. Il s'ensuit qu'il ne saurait y avoir de détermination de l'essence de l'âme que par cet acte. Tout le reste est fortuit ou extérieur ; la pensée seule est ce qui fait la vraie nature de l'âme et constitue sa forme spécifique.

Une telle conception est caractérisée par la concentration extraordinaire des problèmes psychologiques qu'elle a réalisé. Tout le spirituel est devenu rigoureusement de même espèce et de même forme ; il se rassemble en quelque sorte en un foyer. Il a perdu presque sa diversité et sa complexité intérieure ; mais il a gagné, par contre, un centre fixe et immuable. Le trait est distinctif aussi de la psychologie de Corneille. Elle ne se perd jamais non plus dans le détail ; mieux, à peine connaît-elle semblable détail. Sa force essentielle est d'unification, de condensation de pensée. Si nous prenons le drame de Shakespeare pour centre de référence, il semble qu'en celui de Corneille la diversité de la vie de l'âme soit appauvrie et sa richesse de coloris comme éteinte. Corneille ne connaît pas la richesse illimitée des caractères, le perpétuel changement des dispositions, la délicatesse de nuances spiri- tuelles, la finesse de teintes, qui font la magie de la poésie de Sha- kespeare. Chez lui, tout est comme accordé à un seul ton ; à la force et à la durée de résonance de ce ton est liée la force de son drame. Sa tragédie est riche en crises intérieures et en violents mou- vements extérieurs. Mais tous ces mouvements ont quelque chose de prévisible au calcul. Une fois connus les ressorts particuliers dont les hommes de Corneille sont mus, une fois connu le « carac- tère » particulier que chacun d'eux incarnera dans le drame, la totalité de leurs actions et réactions est par là même déjà donnée. Nous voyons en eux, comme nous voyons à l'intérieur d'une hor- loge ; et, mis en marche, le mécanisme de l'horloge aura toujours le même cours déterminé. Chez Corneille, tout obéit aux lois d'une mécanique des passions, qui n'admettent pas d'exception. Une fois connues les forces dont les hommes sont animés, leurs effets sont par là même donnés. L'art du drame cornélien consiste précisément à rendre visibles ces forces simples et grandes. Elles sont dégagées de l'enchevêtrement de la vie psychique, pour être placées devant nous dans une clarté et dans une pureté analytiques ; la qualité dominante qui détermine et gouverne chaque individu est en quelque sorte isolée par le scalpel de l'anatomiste. Et cet art de « l'anatomie des passions » conserve à l'exposé, là même où il atteint la plus grande force d'expression, quelque chose de singu- lièrement abstrait. Car cette force naît précisément de ce qu'on ne nous montre pas l'homme *entier*, dans son mouvement intérieur, mais qu'on a détaché du tout un *élément* déterminé, hypostasié ensuite en une existence indépendante. Corneille ne dépeint pas comment les passions jaillissent de l'intérieur de l'homme ni le progressif développement de leur puissance sur lui, il ne dépeint pas leur lente croissance et leur maturation, le gonflement de bour- geons à l'origine imperceptibles. Tandis que Racine, le premier, découvrira pour le drame français une *dynamique* de la passion, chez Corneille n'est mise en œuvre qu'une pure *statique*. Toute passion « est » quelque chose de déterminé ; elle a certaines particularités durables, inhérentes à elle, et exerce des effets déterminés toujours analogues. Shakespeare évoque des amants, mais non « l'amour » ; des ambitieux et des dominateurs, mais non « l'ambition » ou « le désir de domination ». En chaque personnalité, la passion prend aussitôt une autre teinte. L'ambition de Macbeth n'est pas celle de Coriolan ou de Richard III, la jalousie d'Othello n'est pas celle de Leontes ou de Leonatus Posthumus, ni l'amour de Julia celui de Desdemone, d'Imogène, de Rosalinde. Aucune de ces passions ne traduit une qualité psychologique générale, semblable, qu'on puisse déterminer et décrire en elle-même ; chacune est nouvelle et particulière en chaque âme, parce qu'elle participe à sa nature même, parce que, pour parler comme Leibniz, elle naît du « fundus animi ». Nous ne trouvons chez Corneille ni cette plénitude, ni cette diversité vivantes. Ce n'est point à la plénitude qu'il vise, en dessinant ses caractères, mais au contraire à la simplification, à la simplicité.

Cette simplicité à laquelle Corneille veut atteindre dans ses *caractères* marque en vérité un contraste extrême par rapport au tracé de l'action extérieure et de l'*intrigue*. Non seulement il ne craint point, mais il recherche ici la complication, il s'y complaît. Il aime nouer le nœud tragique si multiple et si habile qu'on le croirait parfois impossible à résoudre. Dans la préface à *Héraclius*, Corneille se flatte d'avoir construit « un poème si embarrassé » que, pour en dénouer l'action, l'auditeur doit appliquer les plus grandes qualités de perspicacité et d'attention ; en général, on n'y réussira qu'après plusieurs auditions du drame (*Œ.*, V, 154.) Et à *Rodogune*, qui porte au plus haut point cette complication de l'intrigue, Corneille vouait une particulière prédilection. Il l'a déclarée une de ses meilleures créations dramatiques. C'est sur ce jugement que s'appuyait Lessing, pour conduire, en prenant *Rodogune* comme type, son analyse et sa critique du drame de Corneille. Les objections qu'il soulève, quant à l'invraisemblance, voire l'impossibilité interne de l'action de *Rodogune*, seront reconnues valables par tous. Là aussi, le jugement de Lessing, bien qu'il attaque Corneille avec véhémence, reste objectif et juste. Sa critique touche le but, mais — et le cas chez Lessing

est rare — elle ne frappe pas au centre de la cible. Elle atteint
non le fond de l'art dramatique de Corneille, mais seulement la
surface. Ce qui entraîne Corneille au tracé compliqué de l'action,
et ce qui l'y fait se plaire, n'est point certes un intérêt dramatique, mais un intérêt *théâtral*. L'action doit figurer une sorte
d'énigme que l'auditeur a la tâche de résoudre ; elle doit maintenir
la curiosité éveillée, pour finalement donner un dénouement qui sur-
prenne. Il est indéniable que le célèbre dernier acte de *Rodogune*
parvient à un tel résultat. Des drames comme *Rodogune*, *Héraclius* ou *Don Sanche d'Aragon* montrent Corneille au sommet
de sa puissance technique, de sa virtuosité en tant que poète scé-
nique ; mais son art tragique véritablement authentique doit
être cherché dans d'autres pièces, dans *Le Cid*, dans *Cinna*, dans
Horace ou dans *Polyeucte*. Lessing n'a pas fait cette distinction, et
c'est pourquoi les objections qu'il fait à l'auteur théâtral n'atteignent
pas le grand dramaturge, dont l'art le plus haut s'exprime dans la
« simplicité » des caractères. Corneille n'a pas peint de figures
d'une richesse et d'une plénitude intérieure analogues à celles
d'Hamlet, de Richard II ou du prince Henri. Eût-il été en
possession de l'art qui les évoque, il l'aurait probablement mé-
prisé, car de semblables caractères, selon sa conception fondamentale, ne conviennent pas à la tragédie. Celle-ci ne saurait
agir que par la simplicité, où réside sa vraie grandeur.

Pour parvenir à cette simplicité, Corneille accentue et rend
visible la nature unique, identique de chaque passion. De la com-
binaison et de l'opposition de ces éléments principaux dépend
l'action dramatique. C'est par là que la poésie de Corneille gagne
cette intensité intérieure qui est l'une de ses qualités essentielles.
Le premier, il réalise la transformation considérable du drame pathétique du XVIe siècle en le drame psychologique du XVIIe[1]. La tragédie ne s'épuise plus, comme chez les prédécesseurs de Corneille,
dans une forte action extérieure, mais elle se joue tout entière dans
l'âme humaine. Là se livrent les véritables combats. Les passions in-
terviennent comme des forces indépendantes, qui se disputent en
quelque sorte l'homme et luttent pour sa possession. Ainsi, chez
Rodrigue l'honneur lutte contre l'amour, chez Émilie, chez Cinna la
haine et la vengeance contre l'admiration, chez Polyeucte l'amour

(1) Voyez les détails, dans LANSON, *Corneille*, p. 40 et suiv.

conjugal contre le zèle religieux. L'homme devient le théâtre de ces
forces hostiles. Ce combat qu'il vit, il peut aussi le contempler,
comme en spectateur, du dehors. Tous les héros de Corneille ont
ce don d'observation et de détachement de soi-même. Leur passion
ne les emporte pas simplement, ils l'analysent et la jugent. Pour
le bien comme le mal, ils sont fanatisés par des idées et des affections déterminées. Celles-ci ne se manifestent pas seulement dans
toutes leurs actions ; elles montent toujours de nouveau à leurs lèvres ;
elles veulent s'exprimer et se connaître dans cette expression.
Le type est illustré, dans le drame de Corneille, par les saints,
tel Polyeucte, les héros, tels Nicomède ou le vieil Horace, mais
également par les méchants et les « furies », comme Cléopâtre
dans *Rodogune*. Tous témoignent de cette puissance du jugement
et de la réflexion. S'il y a une passion qui imprime sa marque à tout
le drame cornélien, c'est cette passion de lucidité chez tous ses personnages qui les pousse à devenir en quelque sorte transparents
pour eux-mêmes. Et elle communique à toutes les figures de Corneille un trait de parenté. Même lorsque leurs natures sont absolument différentes, voire lorsqu'elles appartiennent à des types
psychologiques ou moraux opposés, elles sont encore rapprochées
par une sorte de ressemblance physiognomonique.

On nous objectera, cependant, que les péripéties internes
ne font nullement défaut au drame de Corneille et qu'elles sont
souvent à l'origine des plus forts effets dramatiques. Corneille
aime peindre de grands événements, à travers lesquels les hommes
qui en sont touchés éprouvent une transformation intérieure radicale. La haine se change en amour, le désir de vengeance en magnanimité, la jalousie et l'inimitié en admiration[1]. Mais ces
exceptions apparentes s'avèrent, à un examen plus attentif,
comme des confirmations de la règle fondamentale qui domine
le drame de Corneille. Car il ne s'agit pas davantage, chez ces
héros, d'une lente évolution, ni d'une maturation qui, d'abord
latente, deviendrait enfin visible. Et ce n'est pas, non plus,
un développement continu et qui ferait surgir des traits nouveaux d'un caractère. Ce qui a lieu, c'est bien plutôt un brusque
changement de toute la personnalité : un bond, sans transi-

---

[1] Par exemple Auguste et Emilie dans *Cinna*, V, 3 ; Grimoal dans *Per-
harite*, V, 5 ; Arsinoë dans *Nicomède*, V, 9.

tion, la fait passer d'un extrême à un autre. De telles transformations subites précisément ne sont possibles que parce que les hommes de Corneille ne sont pas livrés, sans plus, à leurs passions, mais qu'ils les affrontent avec une force opposée, la force de la réflexion sur soi et du jugement. Quand le jugement leur propose un nouveau but et que leur connaissance se modifie, la volonté suit aussi ces modifications ; selon le point de vue nouveau conquis par l'intelligence, elle a, dans une certaine mesure, la possibilité de changer son orientation.

C'est là, en vérité, que se dévoile clairement, une fois encore, la parenté existant entre la psychologie de Corneille et celle de Descartes. Tous deux voient la réflexion sous sa double forme : réflexion théorique et réflexion morale, force primordiale de l'âme, force qui, certes, peut être obscurcie et ébranlée par la passion, mais non absolument détruite. Car cette destruction signifierait en même temps l'anéantissement de l'âme, dans sa nature spécifique. La pensée est l'unique attribut qui ne saurait être retranché de l'âme ; elle n'en est pas un simple accident, mais constitue la totalité de son essence. « Hîc invenio : cogitatio est ; haec sola a me divelli nequit. Ego sum, ego existo ; certum est. Quandiu autem ? Nempe quandiu cogito... Sum igitur praecise tantùm res cogitans » (VII, 27). Mais à cette nature spirituelle de l'âme s'oppose, en l'homme, une nature corporelle. A cause de cette nature corporelle, il est exposé aux incitations extérieures de toute sorte, et, de chacune de ces incitations, naît dans l'âme une passion d'espèce particulière. Pour Descartes aussi, chacune de ces passions a une existence propre ; elle possède non seulement une qualité psychologique originale, mais encore une qualité physiologique déterminée. Dans son ouvrage sur *Les Passions de l'Ame*, la méthode de Descartes consiste à faire ressortir soigneusement chacun de ces deux aspects. L'essence psychologique de chaque affection en elle-même, de l'amour et de la haine, de l'espérance et de la crainte, de la lâcheté et du courage, est déterminée par une pénétrante définition, mais le substrat physiologique de chacune est également indiqué. Ici encore, le moi contemple le jeu des affections, d'une part pour le reconnaître comme tel, d'autre part pour le diriger selon les fins qui lui sont propres. Mais cet aspect d'abstraction et de réflexion psychologiques n'est pas le seul trait qui rapproche Descartes de Corneille. Car il ne traduit qu'une circonstance générale, inhérente aux produits les plus variés du classicisme français. Cet élément a joué un rôle décisif également dans la théorie esthétique du classicisme. Dans son *Art poétique*, Boileau a donné la formule explicite de la formation d'un type psychologique, commune au drame de Corneille et au Traité de Descartes sur les Passions. Et il a cru découvrir en même temps, dans cette formule, la justification artistique de l'art classique :

> *Quiconque voit bien l'homme et d'un esprit profond,*
> *De tant de cœurs cachés a pénétré le fond ;*
> *Qui sait bien ce que c'est qu'un prodigue, un avare,*
> *Un honnête homme, un fat, un jaloux, un bizarre,*
> *Sur une scène heureuse il peut les étaler*
> *Et les faire à nos yeux vivre, agir et parler.*

Mais derrière cette affinité, caractéristique de toute l'époque, on en distingue une autre, de bien plus grande signification individuelle. En elle seulement, nous saisissons le rapport plus profond qui unit Descartes et Corneille. Il y a un problème fondamental et central de l'existence humaine, vers lequel le métaphysicien comme que le poète tragique sont entraînés toujours à nouveau, et que, chacun en sa langue, ils ont essayé de résoudre. Gœthe, dans son Discours de Strasbourg, *En commémoration de Shakespeare*, dit que les plans des drames de Shakespeare ne sont pas des plans au sens vulgaire du mot. « Mais ses pièces tournent toutes autour du point mystérieux qu'aucun philosophe encore n'a su voir, ni déterminer : celui où l'originalité de notre moi, la prétendue liberté de notre volonté se heurte au cours nécessaire du Tout. » Ce qu'il a dit en ces termes de Shakespeare est valable, en quelque sorte, pour tout grand auteur tragique. Tout art tragique s'oriente, toujours à nouveau, directement ou indirectement, vers ce « point mystérieux ». Et chacun des grands artistes a sa manière personnelle d'envisager le conflit entre la liberté et la nécessité, pour lui donner son expression poétique. La conception et la réalisation de Corneille restent à cet égard identiques, dans tous ses grands drames. Il est et demeure le poète de la *spontanéité* pure de la volonté. Ses drames aboutissent toujours à la proclamation poétique de cette spontanéité, même lorsque la matière traitée ne se prête aucunement à une telle conception, mais suggérerait plutôt une orientation opposée. De tous les grands motifs tragiques de la littérature universelle, nul ne semble appartenir de manière plus exclusive et inséparable au type des drames de destin que le motif d'Œdipe. Mais précisément, dans son *Œdipe*, Corneille a écrit ces vers où, avec plus de vigueur et d'insistance que jamais, il énonce sa conviction fondamentale de la liberté humaine :

> *Quoi ? la nécessité des vertus et des vices*
> *D'un astre impérieux doit suivre les caprices,...*
> *L'âme est donc toute esclave : une loi souveraine*
> *Vers le bien ou le mal incessamment l'entraîne ;*
> *Et nous ne recevons ni crainte ni desir*
> *De cette liberté qui n'a rien à choisir,...*
> *D'un tel aveuglement daignez me dispenser.*
> *Le ciel, juste à punir, juste à récompenser,*
> *Pour rendre aux actions leur peine ou leur salaire,*
> *Doit nous offrir son aide, et puis nous laisser faire.*
>
> (*Œdipe*, III, 5).

De cette atmosphère, de cette conviction, essentielles au drame cornélien, naissent autant ses qualités distinctives que ce qu'aujourd'hui nous considérons comme un défaut. On ne trouvera pas dans l'*Œdipe* de Corneille la puissance bouleversante de la passion, telle qu'elle règne chez Sophocle, l'ébranlement profond que sa poésie laisse dans l'âme de l'auditeur. Chez Corneille, tout est placé sous une froide et claire lumière, qui glace presque. Mais ceci n'est pas dû seulement au fait que le poète, à l'époque où il écrit son *Œdipe*, n'est plus au sommet de sa puissance créatrice. Un renoncement intentionnel s'y exprime, indice significatif de sa pensée poétique et de ce qui l'intéresse sous l'angle dramatique. Son intérêt se concentre sur un autre point : il méprise certains effets, pour en réaliser d'autres qu'il place plus haut. Dans l'*Œdipe* de Sophocle, c'est la fatalité qui attaque soudain l'homme et l'écrase de sa toute puissance. Le sens de cette fatalité ne peut être déchiffré par lui ; elle reste pour lui une force obscure, absolument irrationnelle. Le drame de Corneille ignore un tel frisson de transcendance. Même dans *Œdipe*, le héros tragique ne doit pas être vaincu par un fatum mystique. Il se dresse contre son sort, et la manière dont il reçoit et porte sa fortune, ré-

tablit la force primordiale de son moi. La pièce s'achève sur une
glorification du moi qui, du cœur de son être, en tant que pensée
et vouloir, se sait au-dessus de toutes les puissances du destin.

> *Parmi de tels malheurs que sa constance est rare !*
> *Il ne s'emporte point contre un sort si barbare ;*
> *La surprenante horreur de cet accablement*
> *Ne coûte à sa grande âme aucun égarement ;*
> *Et sa haute vertu, toujours inébranlable,*
> *Le soutient au-dessus de tout ce qui l'accable...*
> *Ce trouble se dissipe, et cette âme innocente,*
> *Qui brave impunément la fortune impuissante,*
> *Regarde avec dédain ce qu'elle a combattu,*
> *Et se rend toute entière à toute sa vertu.*

(Œdipe, V, 7).

La chute du héros devient son dernier triomphe, sa plus forte
affirmation et la libération de soi-même. Souvent, dans le drame
de Corneille, ceux-là mêmes qui ont contribué à cette chute, en
qualité d'instruments du destin, ressentent et confessent cette
transformation spirituelle dont nous avons parlé[1]. En tout cela,
s'exprime, avec autant de force que de clarté, le pathétique proprement moderne, le pathétique de la subjectivité pure. Ce que Descartes expose sous l'aspect théorique et moral, Corneille le représente sous l'aspect poétique, comme jamais aucun dramaturge
avant lui. Descartes part de la méthode du doute universel, destiné à renverser toute prétendue certitude de la connaissance.
Tous points d'appui sur lesquels la connaissance croyait pouvoir
compter lui sont enlevés. La certitude de la perception, la certitude
de toute matière traditionnelle du savoir, celle même de la pensée
mathématique s'évanouissent. Mais quand tout cela est ruiné, quand
semble ne plus subsister aucune connaissance stricte ni objective,
le moi trouve en soi-même, inébranlable, inattaquable, le nouveau
« point d'Archimède » de la conscience. Cette démarche n'avait

---

[1] Eryxe, dans *Sophonisbe* (V, 7), s'exprime sur la mort de sa rivale Sophonisbe en ces termes :

> *La fortune jalouse et l'amour infidèle*
> *Ne lui laissoient ici que son grand cœur pour elle :*
> *Il a pris le dessus de toutes leurs rigueurs,*
> *Et son dernier soupir fait honte à ses vainqueurs.*

pas, pour le xviie siècle, une signification seulement abstraite ou théorique. Dans l'histoire de la pensée de cette époque, on peut observer à quel point l'expérience décrite par Descartes en tant que penseur, et mise en avant avec la plus grande insistance, trouve un écho, une résonance dans tous les autres domaines. La vie religieuse et la spéculation religieuse du xviie siècle n'échappent pas à son action. La religion purement intérieure, défendue par Fénelon, gagne par elle sa marque originale. Fénelon, lui aussi, veut mettre l'homme en présence de lui seul, l'enfermer dans la solitude complète de son moi, avant de lui montrer le chemin qui le délivre de cette solitude et le conduit à Dieu. De cet isolement seul sort la vraie certitude religieuse : « Etant ainsi comme repoussé par tout ce que je m'imagine connoître au dehors de moi, je rentre au dedans, et je suis encore étonné dans cette solitude au fond de moi-même. »[1]. La pensée est augustinienne, mais elle porte en même temps l'empreinte cartésienne. Corneille, poète tragique, exprime le même sentiment essentiel. Après la perte de tous les biens de la vie, lorsque tout menace de s'écrouler, le moi se découvre une nouvelle, inaliénable sécurité. Quand l'homme est réduit à soi-même et à l'aide de Dieu, il saisit, pour la première fois, toute sa nature intérieure la plus profonde et son essence immuable, indestructible :

> *Je sais ce que je suis, et le serai toujours,*
> *N'eussé-je que le ciel et moi pour mon secours*[2].

Le *problème de la liberté* prend dans la pensée de Descartes une position centrale : mieux, on l'a défini, non sans raison, comme « l'âme du cartésianisme »[3]. Mais la manière dont il est traité diffère de celle qui a été adoptée par presque tous les autres systèmes philosophiques. On dirait que Descartes n'a guère vu toutes les antinomies, décelées de tout temps par la réflexion philosophique dans le concept de liberté. Pour lui, ni incertitude, ni hésitation, aucun « mystère » métaphysique. Il affirme la liberté humaine sur le simple témoignage de l'expérience intérieure, et il est per-

---

(1) FÉNELON, *Traité de l'existence de Dieu*, Seconde partie, ch. 1, *Œuvres*, Paris, 1787, t. II, p. 189.
(2) Viriate, dans *Sertorius*, V, 3.
(3) Cf. J. LAPORTE, La liberté chez Descartes, *Revue de Métaphysique et de Morale*, vol. 44, 1937, p. 164.

suadé qu'elle ne saurait comporter, ni réclamer de meilleure preuve. « La liberté de nostre volonté se connoist sans preuves, par la seule experience que nous en auons »[1]. La liberté est, pour Descartes, l'une de ces « notions premières », sur lesquelles se construit toute notre connaissance et dont nous sommes rigoureusement certains, parce que nous les saisissons clairement et distinctement dans une intuition immédiate[2]. La prescription du doute méthodique semble désormais oubliée. De même que le moi, dans l'acte du *cogito*, s'assure immédiatement de son existence, dans cet acte fondamental il devient également certain de sa liberté intérieure, de sa spontanéité originelle (cf. V, 159). Et de même que pour Descartes cette liberté, du point de vue théorique, est une donnée inébranlable, du point de vue moral elle est pour lui le plus haut et le plus noble privilège de l'homme. En ce qui la concerne, il ose nier et supprimer les barrières entre Dieu et l'homme, entre le créateur et l'être créé. « Le libre arbitre — écrit-il, dans sa première lettre à la reine Christine — est de soy la chose la plus noble qui puisse estre en nous, d'autant qu'il nous rend en quelque façon pareils à Dieu et semble nous exemter de luy estre suiets. »[3]. Il s'ensuit que l'homme ne peut s'assurer aucune véritable valeur, aussi longtemps qu'il cherche cette valeur ailleurs qu'en lui-même. Déjà la morale « par provision » du *Discours de la Méthode* avait pris à cet égard une ferme position. Le début de toute connaissance morale réside, selon elle, dans cette conviction que la seule puissance dont l'exercice soit permis à l'homme est sa puissance sur lui-même. Nulle chose extérieure n'est en notre pouvoir. De nos *pensées* seules nous sommes véritablement et entièrement maîtres. « Il n'y a rien qui soit entierement en nostre pouuoir, que nos pensées » (VI, 25). La morale « philosophique » définitive de Descartes accomplit un pas de plus. Elle réalise, plus clairement qu'auparavant, ce passage de l'intellectualisme au « volontarisme » qui est dans l'esprit du système cartésien. Le centre de gravité du moi se situe, comme

---

(1) Cf. *Principes de Philosophie*, I, 39 (IX [2], 41).

(2) A Mersenne, décembre 1640 (III, 259) : « Vous auez raison de dire que nous sommes aussi assurez de nostre libre Arbitre que d'aucune autre notion premiere : car c'en est véritablement vne ».

(3) Cf. Descartes à la reine Christine, 20 novembre 1647 (V, 85), et surtout, *Meditationes*, IV (VII, 57).

elle le montre, non dans la pensée, mais dans le vouloir : car il est la seule chose que nous possédions absolument et ne puissions perdre. « Pour les biens du corps et de la fortune, — écrit Descartes à la reine Christine, — ils ne dependent point absolument de nous ; et ceux de l'ame se raportent tous à deux chefs, qui sont, l'vn de connoistre, et l'autre de vouloir ce qui est bon ; mais la connoissance est souuent au delà de nos forces ; c'est pourquoy il ne reste que nostre volonté, dont nous puissions absolument disposer » (V, 83).

A ce sommet, se ramassent en quelque sorte tout l'être du moi et la totalité de ses énergies. Sa réalité se prouve non seulement en ce qu'il se saisit pensant, mais en ce qu'il se manifeste dans la volonté et l'action. Les deux éléments, chez Descartes, loin d'être opposés l'un à l'autre, se correspondent et se conditionnent l'un l'autre. Car déjà le cogito, qui pose la base de toute certitude théorique, ne nous est donné que dans l'accomplissement d'un certain *acte* de conscience, où par conséquent le moi apparaît en même temps comme concevant et comme spontanément agissant.

Lorsqu'on a saisi l'originalité et la position centrale de la doctrine de la volonté chez Descartes, une relation nouvelle et significative apparaît, dans le rapprochement de Descartes et de Corneille. Lanson a eu raison, me semble-t-il, de montrer qu'il n'y a pas eu entre les deux hommes que des points de contact passagers et extérieurs. C'est pourquoi, précisément, il ne suffit pas de ramener leur accord uniquement à des circonstances externes, ainsi que le fait Lanson lorsqu'il cherche à l'expliquer par leur commun « entourage ». C'est bien plutôt leur attitude vis-à-vis de l'ensemble de l'existence qui manifeste une affinité intime. La manière dont ils envisagent et apprécient la vie humaine, d'après leur intuition, philosophique ou poétique, révèle une étroite communion. Le thème qui leur est commun est le monde des passions humaines. Descartes cherche à pénétrer ce monde en penseur ; il veut comprendre la « nature » de la passion comme telle et la ramener à son dernier fondement métaphysique, l'union de l'âme et du corps. Corneille, dans ses plus hautes figures poétiques, évoque devant nous toute la puissance de la passion ; il veut non seulement que nous la vivions, mais qu'en même temps nous apercevions ses motifs les plus secrets, et les forces qui l'animent. Descartes écrit et juge avec

le calme, la froideur du savant, qui s'abstient de tout pathétique et
de toute éloquence moralisatrice. C'est en cela que lui-même voit
son originalité véritable. « Mon dessein, déclare-t-il à propos de
son ouvrage *Les Passions de l'Ame*, n'a pas esté d'expliquer les
Passions en Orateur, ny mesme en Philosophe moral, mais seulement
en Physicien » (XI, 326). Privée de la connaissance de l'origine physique des passions, la morale serait, d'après Descartes, vouée à la
stérilité ; elle resterait une pure utopie, sans aucun fondement
scientifique (cf. IV, 441). Toutefois, il est indéniable que cette
considération strictement objective est appuyée par une forte conviction personnelle et une aspiration morale. Les passions doivent être
reconnues dans leur être et dans leurs causes, parce que nous ne
pouvons nous en rendre maîtres que par cette connaissance. Il
ne suffit pas de les décrire ; il faut les mesurer pour leur attribuer le rôle qui leur convient dans le développement de notre
vie. Car, à chacune d'elles, Descartes concède un sens constructif
authentique. Les affections ne sont pas pour lui simplement des forces
destructives, menaçant l'ordre, la sécurité de l'existence humaine
et pouvant à chaque instant la rejeter au chaos. Elles sont bien
plutôt l'instrument indispensable, l'organon de toute direction
de la vie. Il ne peut être question que nous renoncions à cet instrument ou le détruisions, il ne s'agit que de connaître son emploi
et de l'utiliser correctement. Les passions ne doivent pas être
supprimées ; elles doivent être utilisées à l'avantage de notre vie et
rendues fécondes. Or cela implique que, en vertu de notre volonté
raisonnable, nous distribuions à chacune la sphère de son action et
déterminions sa naturelle valeur. En cela l'idéal moral de Descartes
coïncide avec cet idéal de la « Mathesis universalis », dont, en tant
que savant et critique de la connaissance humaine, il était parti.
De même que la physique ne pouvait être fondée comme science
que si elle était transformée en pure *étude des grandeurs*, de même
la morale doit se constituer en *étude des biens*, déterminant, d'après
des principes sûrs, la valeur de tout ce qui peut devenir objet de désir
humain. Or, dans cette évaluation, Descartes rencontre curieuse-
ment Corneille. Le monde de pensée du philosophe et le monde
de sentiment ou d'imagination du poète ne se laissent pas, en
vérité, directement comparer ; il semble que manque, pour ainsi
dire, entre l'un et l'autre, une « commune mesure ». Et cependant
Corneille et Descartes s'accordent partout où il leur faut décider

en dernier ressort sur les biens de la vie. Dans leur jugement sur ce qui dans la vie humaine doit être estimé grand ou petit, haut ou bas, noble ou vulgaire, ils sont d'accord. L'échelle des valeurs qu'ils dressent pour la mesure et l'évaluation de toutes les affections leur est commune, et c'est d'elle qu'il nous faut partir pour découvrir le point véritable de leur union.

Mais ici s'élève une objection. Est-il possible, demandera-t-on, qu'existe pour Descartes une telle échelle de valeurs au sens strict du mot ? Suivant les postulats fondamentaux de sa méthode, ne devons-nous pas barrer à l'idéal de la mathématique universelle la voie vers la morale, doctrine de l'action humaine ? Le *Discours de la Méthode* trace ici une ligne de séparation nette. Il enseigne que l'espèce de certitude exigible pour la connaissance théorique n'est pas accessible à la pratique. Là vaut une mesure différente, non susceptible de stricte et exacte détermination. Dans le domaine de la connaissance théorique, règne la prescription du doute méthodique. Nous ne devons prendre aucune décision, avant de nous être assurés que nous sommes sur un terrain solide et inébranlable. Lorsque les idées claires et distinctes nous font défaut et que nous devons nous passer de leur direction, il ne nous est point permis de risquer un pas en avant. Pour peu que nous n'ayons pas en main toutes les données d'un problème théorique, que nous ne saisissions pas et ne voyions pas chacune d'elles avec la même évidence, il nous faut nous abstenir de juger. Mais cette prescription de la suspension, de l'ἐποχή, ne peut et ne doit pas, selon Descartes, être étendue au domaine de l'action[1]. Car, si nous voulions nous y conformer encore ici, notre conduite perdrait sa force propre et serait condamnée à la stagnation. La connaissance exige la plus haute réserve critique, la minutieuse confrontation du pour et du contre ; l'action exige une rapide intervention. Dans le premier cas, nous devons toujours être prêts à reviser et à retirer un jugement auparavant porté ; dans l'autre, il importe surtout de nous en tenir à la décision prise et de l'exécuter de toute notre énergie. Nous devons faire un choix, là même où nous ne comprenons qu'incomplètement les circonstances qui le guideraient. Le danger d'erreur doit être accepté, car, dans la pra-

---

[1] Cette différence entre la théorie et la pratique est soulignée par Descartes, d'une manière particulièrement nette, dans les Réponses aux objections dirigées contre les Méditations. Cf. *Meditat., Secundae Responsiones*, VII, 149.

tique, l'erreur est encore préférable à une attitude purement
négative, à l'incertitude et à l'hésitation. Le *Discours de la Méthode* a illustré cette conception fondamentale d'une image très
caractéristique et frappante. Un voyageur se trouvant égaré en
quelque forêt, dit Descartes, ne découvrira jamais une issue, s'il
essaie' tantôt ce chemin et tantôt cet autre. Au lieu d'errer ainsi
sans aucune méthode, il doit se décider pour une direction et la
poursuivre invariablement. Car, par ce moyen, il n'arrivera peut-
être pas au but qu'il s'était proposé d'abord, mais il arrivera au
moins à la fin quelque part où vraisemblablement il sera mieux
que dans le milieu d'une profonde forêt (VI, 24).

On pourrait croire cette exigence cartésienne valable seulement pour la morale « provisoire » du *Discours*, mais abandonnée
par la morale philosophique que Descartes a développée et fondée
dans la dernière période de sa vie. Il n'en est pas ainsi. La maxime
du *Discours* qui propose la fermeté et la décision dans l'action
comme le plus haut précepte sera confirmée expressément et
à nouveau précisée au cours de la correspondance de Descartes
avec la princesse Elisabeth, dont l'ensemble formule la base systématique de sa philosophie morale. Le faible qui hésite perpétuellement entre différentes décisions, explique le philosophe, n'est pas
capable objectivement de « vertu » ; et, du point de vue subjectif,
il ne peut jamais participer au bien suprême, la satisfaction intérieure. « La beatitude ne consiste qu'au contentement de l'esprit...
mais... pour auoir vn contentement qui soit solide, il est besoin
de suiure la vertu, c'est à dire d'auoir vne volunté ferme et constante d'executer tout ce que nous iugerons estre le meilleur et
d'employer toute la force de nostre entendement a en bien iuger »
(IV, 277).

Il en résulte une conséquence nouvelle, où l'on verra un trait
caractéristique et distinctif de la morale cartésienne. Estimant
au plus haut point la fermeté et la décision de la volonté,
Descartes donne à ces qualités une valeur qui ne coïncide
pas avec ce que nous avons l'habitude d'entendre par détermination « morale » de la volonté. La volonté forte n'est pas
nécessairement une « volonté bonne », bien que cette dernière
ne puisse exister sans la première, ni ne puisse, sans elle, s'affirmer contre les obstacles intérieurs et extérieurs. Certaine fermeté de la volonté a en elle-même sa valeur et à elle seule mérite

notre admiration, même là où nous ne pouvons reconnaître pour
bonnes les fins que la volonté se propose et qui, mesurées aux
plus hautes échelles morales, devraient être reconnues insuffi-
santes ou erronées. Il y a donc, dans la philosophie morale de
Descartes, un idéal moral relatif et un autre, absolu. L'idéal
absolu est offert, dans le *Traité des Passions*, par le portrait
de « l'homme généreux ». En celui-ci, à la plus haute énergie de
la volonté est allié le plus parfait discernement. Une nature vraiment noble et grande sait que sa réelle et authentique valeur
n'émane que d'elle seule. Elle n'estime donc que ce qui naît du
fond propre et le plus intime de son être, ce qui est l'expression
de sa personnalité et de sa liberté intérieure. Ce sentiment dominant
lui donne une norme de tous les biens de la vie. Elle ne les évite
pas et ne les rabaisse pas ; mais elle n'accorde à aucun d'entre
eux une valeur inconditionnée. Le mot célèbre de Kant, d'après
lequel on ne saurait rien imaginer dans le monde, ni même hors du
monde, qui puisse être considéré sans limitation comme bon, si
ce n'est la bonne volonté, a, pour la première fois, été prononcé
par Descartes, dans *Les Passions de l'Ame*. Il lui sert à expliquer
ce qu'il entend par la vertu, à ses yeux fondamentale, de générosité. « La vraye generosité, qui fait qu'un homme s'estime au
plus haut point qu'il se peut legitimement estimer, consiste
seulement, partie en ce qu'il connoist qu'il n'y a rien qui verita-
blement luy appartiene que cette libre disposition de ses volontez,
ny pourquoy il doive estre loüé ou blasmé, sinon pource qu'il en
use bien ou mal ; et partie en ce qu'il sent en soy mesme une ferme
et constante resolution d'en bien user... Ceux qui ont cette connoissance et ce sentiment d'eux mesmes,... ne pensent point estre de
beaucoup inferieurs à ceux qui ont plus de biens, ou d'honneurs,
ou mesme qui ont plus d'esprit, plus de sçavoir, plus de beauté,
ou generalement qui les surpassent en quelques autres perfec-
tions : aussi ne s'estiment ils point beaucoup au dessus de ceux
qu'ils surpassent, à cause que toutes ces choses leur semblent estre
fort peu considerables, à comparaison de la bonne volonté pour
laquelle seule ils s'estiment, et laquelle ils supposent aussi estre,
ou du moins pouvoir estre, en chacun des autres hommes » (XI,
445).
  Cette forme de la conscience de soi, en laquelle une volonté
forte et indépendante s'allie au plus grand discernement, atteint,

pour Descartes, au sommet de la moralité. Celui qui y parvient
a conquis en lui un centre immuable. Il possède l'instrument de
mesure, d'après lequel il évaluera tous les biens extérieurs, péri-
phériques, de la vie à leur vraie valeur. Mais Descartes connaît
en outre un autre idéal, qu'il ne faut pas mettre sur le même plan
que le premier, mais auquel néanmoins nous ne saurions refuser
une valeur et un droit. La volonté, fût-ce imparfaite, qui vise
un but illusoire et tend sa force entière pour l'atteindre est
encore grande et digne de servir de modèle, en cela même qu'elle
est capable d'une telle tension, d'un tel enjeu. Elle échouera, et
il est bien qu'elle échoue ; mais l'échec d'une volonté forte, con-
centrée sur elle-même, ne se situe pas au même niveau que celui
qui est pure faiblesse. L'absence de discernement empêche la
volonté d'atteindre à la fin la plus haute, la fin du « summum
bonum », mais ne lui enlève rien de sa valeur originale, spécifique.

« Il n'est pas necessaire — écrit Descartes à la princesse Elisabeth — que nostre raison ne se trompe point ; il suffit que nostre
conscience nous temoigne que nous n'auons iamais manqué de
resolution et de vertu, pour executer toutes les choses que nous
auons iugé estre les meilleures » (IV, 266).

Si à nouveau nous nous tournons maintenant vers Corneille,
nous retrouverons partout chez lui la même conviction. Corneille n'est pas davantage un « moraliste » pur et étroit que Descartes.
En vérité, on s'y est fréquemment trompé, on lui a reproché son
pathos faux et moralisateur. Mais lui-même ne laisse pas douter
que l'enseignement moral ne lui apparaît point comme la tâche
de l'œuvre tragique. Dans ses écrits théoriques, il a expressément
écarté une intention de ce genre. La poésie dramatique, explique-
t-il, doit plaire, non donner des leçons. Elle doit, par suite, s'abstenir
de sentences générales, de maximes abstraites et moralisatrices,
ou elle ne doit les inclure que dans la mesure où le but réel de la
tragédie, consistant en la peinture des caractères et passions des
hommes, le permet[1]. Ce trait est d'autant plus significatif qu'il
isole à peu près Corneille de son époque et de son milieu. Il témoigne
de sa grande indépendance. Car, si docile soit-il ailleurs à l'égard
des exigences que lui posent les « règles », si disposé soit-il à leur

---

(1) CORNEILLE, *Discours de l'utilité et des parties du poème dramatique, Œuvres, I*, 16.

céder, il n'a pas laissé affaiblir son intérêt pour la construction poétique pure par le « moralisme » régnant. Le XVIIᵉ siècle est, dans sa poétique, encore entièrement dominé par l'idée que l'un des buts essentiels de la poésie doit être une leçon immédiate. Seul son but moral pourrait vraiment justifier l'art et apporter devant le tribunal de la raison la preuve de son droit à l'existence. Mais Corneille rejette décidément cette conception. De même que Descartes, psychologue, veut décrire le monde des passions simplement et dans leur être ou nature de fait, sans se constituer juge devant elles, Corneille déclare que le poète tragique doit s'abstenir de jugement moral immédiat sur les caractères et les actions. Il a accompli sa mission et atteint la fin de l'art dramatique, lorsqu'il a réussi à faire voir le type particulier de chaque caractère et à le rendre clair au regard du spectateur. Les adversaires de Corneille n'ont pas manqué de lui demander sévèrement compte de cette attitude. Ils voient en elle une indifférence morale dont le poète aurait à se garder[1]. Déjà *Le Cid* avait été exposé à de semblables attaques : Scudéry le condamnait, parce que la conduite de Chimène contredisait aux préceptes de la morale comme de la décence[2]. Vis-à-vis même de cette influence morale médiate que la tragédie devait exercer par la « purge des passions », Corneille s'est exprimé en termes sceptiques. Il a bien tenté une interprétation du passage d'Aristote sur la katharsis, mais il ajoute qu'il se demande si le drame a jamais atteint et pourra jamais atteindre à l'effet qui lui est attribué[3]. Le drame de Corneille, certes, se consacre avec prédilection aux caractères parfaits, qui d'une violente passion embrassent un but grand, général, objectivement valable et mettent tout en œuvre pour le réaliser. Mais des natures telles que Rodrigue, dans *Le Cid*, ou que Polyeucte ne sont pas les seules que nous offre son drame, et la puissance créatrice de Corneille n'est point limitée à leurs pareils. L'imagination de Corneille n'est comparable à celle de Dante ou de Shakespeare ni en étendue ni en profondeur. Mais Corneille, comme tout véritable artiste, part d'une vaste intuition ; il porte en lui une vue

(1) Cf. l'attaque dirigée par Aubignac contre la *Sophonisbe*, le *Sertorius* et l'*Œdipe* de Corneille ; détails chez Bray, *La formation de la doctrine classique*, p. 72.

(2) Cf. Bray, *l. c.*, p. 219.

(3) *Discours de la tragédie*, *Œuvres*, I, 52.

d'ensemble de l'existence humaine et des passions humaines. Les passions sont pour lui un cosmos, qu'il essaie de pénétrer complètement, de mesurer en hauteur et en profondeur. Aussi son don de divination poétique ne s'arrête-t-il pas à ce qu'approuve son idéal moral. Pour lui comme pour Descartes, toute vraie grandeur est liée à la plus haute énergie de la volonté, et cette pure *intensité* de la volonté possède une valeur indépendante de la qualité morale du vouloir. La vraie tragédie, selon Corneille, doit rester éloignée de tout ce qui est petit ou mesquin ; elle ne doit se mouvoir que dans un milieu de grandes âmes et une atmosphère de grands événements. Mais la grandeur de l'âme se montre aussi bien dans la méchanceté que dans la bonté. De sa Cléopâtre, dans *Rodogune*, Corneille disait que, criminelle, elle mettait dans son crime une telle grandeur que certes on devait détester ses actes, mais admirer la source dont ils étaient issus. Car, écrit ailleurs Corneille, « dans la poésie, il ne faut pas considérer si les mœurs sont vertueuses, mais si elles sont pareilles à celles de la personne qu'elle introduit. Aussi nous décrit-elle indifféremment les bonnes et les mauvaises actions, sans nous proposer les dernières pour exemple »[1].

Cette position fondamentale prise par Descartes aussi bien que par Corneille vis-à-vis des passions a encore donné à leur stoïcisme un accent caractéristique. Le XVIᵉ et le XVIIᵉ siècles se caractérisent, dans le domaine de la philosophie morale, par une *renaissance du stoïcisme*[2]. Ce mouvement se fait sentir non seulement dans la philosophie, mais aussi dans la poésie, dans la religion, dans les théories juridiques et politiques. Dès sa prime jeunesse, Descartes avait été soumis à son influence. Il semble que les œuvres maîtresses du néo-stoïcisme, celles de G. Du Vair et de Juste Lipse, lui aient été familières depuis l'école. Les plus précoces essais de Descartes trahissent partout l'action de ces écrits et, dans le *Discours de la Méthode* encore, M. Gilson a pu relever une quantité de réminiscences de cet ordre[3]. Aux yeux des contempo-

---

(1) Lettre dédicatoire à *Médée, Œuvres*, II, 332.
(2) Sur la « Renaissance du Stoïcisme », cf. plus loin, *Descartes et la reine Christine de Suède*, p. 71. Pour le XVIᵉ siècle, cf. l'ouvrage de Léontine ZANTA, *La renaissance du stoïcisme au seizième siècle*, Paris, 1914.
(3) Cf. le *Commentaire* de M. GILSON au « Discours de la Méthode »; Paris, 1925, surtout p. 248 et suiv. Sur l'importance qu'eut le néo-stoïcisme pour le premier développement des principes moraux de Descartes, cf. MESNARD, *Essai sur la morale de Descartes*, Paris, 1936, p. 9 et suiv.

rains et des successeurs immédiats de Descartes, ce contact de sa philosophie morale avec celle de l'école stoïcienne était si frappant et indéniable qu'à peine étaient-ils en mesure de tracer entre elles une ligne nette de séparation. Leibniz lui-même, qui avait le sentiment si sûr des différences systématiques et des traits individuels, prétendait que la morale cartésienne coïncidait absolument dans le fond avec celle des stoïciens[1]. Pas plus que tout autre mouvement spirituel de l'époque, le drame classique français n'a pu se soustraire à l'influence des idées et de l'idéal stoïciens. Pour Corneille, cette influence était d'autant plus forte qu'en tant que poète également Sénèque avait agi sur lui. La première grande tragédie de Corneille, *Médée*, est, à bien des égards, inspirée par Sénèque, et de nombreux vers y rappellent presque littéralement ceux de la *Médée* de Sénèque.

Mais précisément, si l'on poursuit ces parallèles chez Descartes et chez Corneille, on s'aperçoit que le stoïcisme de l'un et de l'autre ne constitue pas une simple répétition de la doctrine traditionnelle, mais est marqué d'originalité, de nouveauté. Car si, *en théorie*, ils suivent souvent les modèles antiques jusque dans les détails, leur *appréciation* des passions a subi une modification de principe ; et, par suite de cette modification, la théorie elle-même prend un autre sens[2]. L'enseignement principal du stoïcisme antique se résume dans la maxime « sustine et abstine », supporte et abstiens-toi. Le monde n'apporte que des maux physiques et moraux, mais le sage est libre de se soustraire au contact de ces maux. Descendant en lui-même, il découvre cette véritable autarchie, qui le libère tant des insuffisances et imperfections de l'existence que de ses biens illusoires. Car tout ce qui est communément loué comme bien est, du point de vue moral, un néant. Ce que recherche l'homme, ce qui lui paraît le but véritable de son aspiration, se dissout devant la réflexion philosophique. Pour elle, il n'y a, en cet ordre de choses, ni plus ni moins, ni meilleur ni pire. Tout devient une masse unique et indifférente. Dans la masse de ces choses « indifférentes », de l'ἀδιάφορον,

(1) « Quod vero Cartesianae vel si mavis Stoicae philosophiae (nam in re morali eadem est)... ». LEIBNIZ, *Philosophische Schriften*, ed. GERHARDT, IV, p. 275. J'ai essayé de montrer que ce jugement est inexact : voir plus loin, *Descartes et la reine Christine de Suède*, p. 84 sq.
(2) Cf. les détails plus loin, *Descartes et la reine Christine de Suède*, chap. III.

tombe tout ce que la foule compte au nombre des biens suprêmes. Ni la santé, ni la richesse, ni l'honneur ne sont des biens ; pas davantage la maladie, la pauvreté, voire le déshonneur et la mort ne sont des maux. En cela réside le trait ascétique de la morale stoïcienne. Elle ne sait d'autre moyen de dominer le mal que le renoncement ; et ce renoncement menace d'arrêter la vie même dans son mouvement, dans ses impulsions immédiates. Le bien suprême est, au fond, déterminé de manière purement négative : Sénèque déclare que le but essentiel et le privilège réservés au sage sont la délivrance de l'inquiétude.

Cet idéal de la « tranquillitas animi » est repoussé par Descartes, bien qu'il soit demeuré près de la tradition stoïcienne, dans laquelle il avait été élevé. Dans le *Discours de la Méthode*, il compare les constructions morales doctrinales des anciens à des palais superbes et magnifiques, mais bâtis sur du sable (VI, 7). Ce changement d'orientation morale résulte de ce que Descartes part d'un nouveau concept de la nature. L'exigence d'une « conformité à la nature » figure aussi au centre de la morale stoïcienne ; le ὁμολογουμένως τῇ φύσει ζῆν en était l'un des préceptes suprêmes. Mais Descartes montre que, précisément, mesurés à cette exigence, les idéaux du stoïcisme s'évanouissent. Car la morale doit être valable pour les hommes, et l'homme est un être non seulement rationnel, mais aussi sensible. Sa vie repose sur l'union et la coopération de l'âme et du corps. Or le stoïcisme, au lieu de comprendre cette collaboration et d'en reconnaître la nécessité, a abandonné et détruit l'un des termes du rapport. L'objection principale que Descartes soulève contre lui consiste en ce qu'au fond, il aurait proposé une morale pour des êtres incorporels. Descartes, théoricien de la morale, ne saurait approuver ses accusations contre les passions, ni rejeter celles-ci toutes ensemble, parce que le physicien Descartes croit avoir montré qu'elles sont de simples conséquences de notre organisation psychophysique et soumises à ses lois. La prescription d'un état sans passions, de l'apathie stoïcienne, équivaudrait, par conséquent, à celle d'une existence incorporelle. Ainsi elle s'avère être, non un idéal, mais une chimère.

Descartes devait élever la même objection de principe contre l'école qui, au XVIe siècle, avait entrepris de continuer le stoïcisme. Certes elle ne se contentait pas de reprendre et de reproduire un héritage de pensée antique, mais le prolongeait de manière indépendante et en s'orientant vers d'autres buts. Son but principal comportait la démonstration de la compatibilité des doctrines stoïcienne et chrétienne, en matière de morale, pour aboutir à fonder un « stoïcisme chrétien ». Mais par là précisément, les traits négatifs et ascétiques de la morale stoïcienne se trouvaient fatalement encore accentués. Guillaume Du Vair, le représentant le plus significatif et le plus influent du néo-stoïcisme français, ne voit, lui aussi, dans les passions qu'un désordre, un soulèvement en l'âme, une méconnaissance et un mépris des lois de la nature[1]. Mais, selon le concept cartésien de la nature, il ne peut plus rien exister qui tombe absolument hors de la nature. Descartes croit avoir découvert le moteur secret des passions, leur mécanisme et leur automatisme ; prolongeant cette découverte, il les voit comme un ensemble particulier, clos sur lui-même, de causes et d'effets. Il dépend de la volonté de l'homme d'imposer à ce tout, dont la pure donnée ne saurait être changée, une forme telle qu'il ne contredise pas à ses fins propres, mais bien plutôt les serve. Cette affirmation de l'existence physique de l'homme va de pair avec une nouvelle affirmation de la vie. La morale stoïcienne, en dépit de son enseignement de l'autarchie et de l'autonomie de la volonté, n'échappait pas en réalité au cercle de la passivité. Elle enseignait comment le sage pouvait supporter la vie, en apprenant à vaincre la vie. Le stoïcisme moderne avait encore affermi ce point de vue profond. La patience dans la souffrance était pour lui la vertu suprême. Aussi bien G. Du Vair que Juste Lipse se proposent essentiellement de décrire et d'enseigner cette vertu fondamentale de la constance. L'ouvrage de Juste Lipse *De constantia* (1585) et l'ouvrage de G. Du Vair *De la constance et consolation ès calamitez publiques* (1594) appartiennent aux œuvres les plus frappantes, et qui eurent le plus d'influence, de la nouvelle littérature stoïcienne. Mais Descartes exige autre chose et davantage. Déjà en tant que savant, il ne voulait pas se comporter en observateur purement passif ; il prétendait bien plutôt rendre l'homme « maître et possesseur de la Nature ». A l'idéal traditionnel d'une philosophie purement spé-

---

culative, il opposait l'idéal d'une philosophie active. A plus forte
raison en jugera-t-il ainsi dans le monde humain. La philosophie
doit enseigner à l'homme non seulement comment supporter la
vie, mais comment la modeler. La vertu de générosité, dont Descartes dit qu'elle est la clé de toutes les autres vertus, réclame une
attitude absolument active, un dévouement agissant à toutes les
grandes fins que l'homme peut se proposer. « Ceux qui sont gene-
reux », dit Descartes, « sont naturellement portez à faire de grandes
choses » (XI, 447). Et quand l'homme aura découvert et développé
cette force, qui est en lui, de former sa vie, il jouira pour la première fois vraiment de la vie. Or il ne doit nullement se refuser
cette jouissance, il peut s'y donner librement et naturellement.
Descartes n'est pas hédoniste, mais il enseigne que même le plus
haut bonheur spirituel dont l'homme soit capable, le bonheur
d'être une personne, ne peut s'épanouir complètement si nous
avons laissé dépérir l'élément sensible de notre nature. A cet
égard, il se place, dans sa doctrine du « souverain bien », expressément dans le camp d'Epicure. Le plaisir est accepté comme fac-
teur essentiel dans la détermination du concept de la « béatitude »,
de l'eudémonie. « Epicure n'a pas eu tort, écrit Descartes à la
princesse Elisabeth, considerant en quoy consiste la beatitude,
et quel est le motif, ou la fin à laquelle tendent nos actions, de
dire que c'est la volupté en general, c'est a dire le contentement
de l'esprit ; car, encore que la seule connoissance de nostre deuoir
nous pourroit obliger a faire de bonnes actions, cela ne nous feroit
toutefois iouir d'aucune beatitude, s'il ne nous en reuenoit aucun
plaisir ». « Zénon, au contraire, a... representé cete vertu si seuere
et si ennemie de la volupté..., qu'il n'y a eu, ce me semble, que des
melancholiques, ou des esprits entierement detachez du cors,
qui ayent pû estre de ses sectateurs. » (IV, 276.)

Ainsi Descartes, strict « spiritualiste », en vient par ailleurs au
rôle de défenseur de la nature physique de l'homme, qu'il protège
contre de fausses accusations. La méconnaissance et le reniement
de cette nature ne lui apparaissent pas comme le signe de la spiri-
tualité véritable, mais, à l'inverse, comme une preuve de barbarie.
« La philosophie que ie cultiue », écrit-il au marquis de Newcastle,
« n'est pas si barbare ny si farouche qu'elle reiette l'vsage des passions ; au contraire, c'est en luy seul que ie mets toute la douceur
et la felicité de cette vie. » (V, 135.) La correspondance de Descartes

avec des amis intimes, qui nous fait le plus nettement connaître son attitude et ses dispositions dans la vie, est riche en déclarations du même genre. Celles-ci même sont faites parfois si naturellement que le premier éditeur de cette correspondance, Clerselier, préoccupé surtout de mettre en bonne lumière la piété de Descartes, en a été choqué et a supprimé ou transformé quelques tournures de phrases. Lorsque Descartes, par exemple, dans une lettre du 10 octobre 1642 à Constantin Huygens, écrit qu'il ne craint pas la mort, bien qu'il soit de ceux qui ont été animés du plus grand amour de la vie, Clerselier affaiblit cette déclaration. A la phrase caractéristique : « Je suis du nombre de ceux qui aiment le plus la vie », il substitue l'expression terne : « J'estime assez la vie »[1]. Or ce trait, en lui-même insignifiant, est un symptôme : avec la philosophie morale de Descartes, non seulement un nouvel édifice de doctrines morales était ajouté à l'ancien, mais une disposition nouvelle, un mode d'appréciation nouveau à l'égard de la vie s'affirmait.

Revenons encore à la poésie de Corneille : la même disposition essentielle s'y exprime. Corneille aussi est stoïcien ; mais il incarne un stoïcisme radicalement actif, pour lequel l'idéal négatif de l'école stoïcienne est remplacé par un idéal positif. L'héroïsme qui donne la forme au monde triomphe, chez lui aussi, sur toute négation du monde, et la force avec laquelle s'instaure cette exigence anime et pénètre les premières grandes tragédies de Corneille, leur donnant, du point de vue poétique comme du point de vue de la pensée, leur marque originale.

---

(1) La lettre originale de Descartes ne se trouve pas dans la grande édition ADAM-TANNERY, car elle n'était pas connue, lorsque parut cet ouvrage, de l'éditeur de la correspondance, M. Ch. ADAM. Elle a été découverte plus tard et publiée par M. Leon ROTH, dans son édition de la *Correspondence of Descartes and Constantyn Huygens*, 1635-1647, Oxford, Clarendon Press, 1926, p. 180 et suiv.

CHAPITRE II

Aperçus sur l'art tragique

Nous devons aborder brièvement une autre question encore : est-il possible d'établir, et jusqu'à quel point le peut-on, une parenté entre *les conceptions théoriques* de Descartes et celles de Corneille sur l'art tragique ? Il semblerait que, dans ce domaine, une influence de Descartes sur Corneille fût non seulement concevable, mais vraisemblable. Car les principaux écrits théoriques de Corneille ont paru en 1660; ils appartiennent donc à une époque où la philosophie de Descartes s'offrait en son état d'achèvement, où elle avait commencé déjà à exercer une forte influence sur la vie spirituelle française. Cependant rien, dans le *Discours de l'utilité et des parties du poème dramatique* de Corneille, n'indique une action de ce genre. En fait, Corneille ne pouvait trouver dans l'enseignement de Descartes aucun appui direct pour les pensées fondamentales qu'il y développait. La lacune la plus frappante, dans le système de si grande envergure et si complet que représente le cartésianisme, est l'absence d'une esthétique indépendante. Ni dans la correspondance de Descartes, ni dans ses principaux écrits philosophiques, les questions théoriques d'art ne sont traitées de façon systématique[1]. En outre, Corneille, dans sa poétique,

---

(1) Même le *Compendium musicae,* que Descartes a écrit en 1618, à vingt-deux ans, pour Beeckmann, ne saurait guère être pris, comme M. Victor Basch a tenté de le faire, pour la preuve que le philosophe s'est intéressé à l'art. (Cf. Victor Basch, Y a-t-il une esthétique cartésienne ? *Travaux du IXᵉ Congrès international de Philosophie,* Paris, 1937, II, 67). Car ce n'est pas un amateur d'art qui parle, mais un théoricien, un penseur. C'est à titre de mathématicien et de physicien, de physio-

n'éprouvait pas le besoin d'emprunter quoi que ce soit à la philosophie moderne ; mieux, il eût expressément dédaigné un tel emprunt. Car il est, avec tout le XVIIᵉ siècle, persuadé que les anciens ont fourni la forme véritable et « absolue » du drame, qu'Aristote, théoricien, a discerné cette forme et en a établi les règles pour tous les temps. Il ne lui semble pas permis d'en douter ; il considère Aristote toujours comme le plus grand, voire le seul maître, en matière de poésie. « Notre unique docteur Aristote », écrit-il dans la préface à l'un de ses drames[1]. En vérité, si l'on examine en détail les principales idées théoriques de Corneille, et si l'on suit son raisonnement, on voit aussitôt qu'il est loin d'avoir atteint l'accord souhaité avec Aristote. Sa soumission aux règles d'Aristote n'est qu'apparente ; Corneille n'a pas tant commenté l'art poétique aristotélicien qu'il ne l'a utilisé pour ses idées et son idéal poétique personnels. Lessing, de son vif regard critique, a percé à jour cette relation et, avec une sévérité impitoyable, a découvert les contradictions entre Corneille et Aristote. Depuis, ces contradictions nous sont devenues claires. Mais nous ne pouvons plus en tirer les mêmes conclusions que Lessing, qui lui-même aspirait à un canon absolu de l'art dramatique et croyait l'avoir trouvé chez Aristote. L'originalité et la caractéristique de la poésie de Corneille nous apparaissent précisément grâce au fait que malgré lui il a commis la « faute » de ne pas

---

logiste et de psychologue que Descartes a abordé la musique. Il a lui-même déclaré qu'aucune disposition artistique ne l'avait porté à s'occuper de problèmes de théorie musicale. Dans une lettre à Constantin Huygens, traitant d'une question de musique, il écrit : « Si vous estes assez patient pour cela, vous prendrez peut-estre plaisir à voir ce qu'vn homme qui n'a iamais sceu apprendre à chanter *vt re mi fa sol la*, n'y a iuger si vn autre le chantoit bien, a coniecturé touchant vn suiet qui ne dépend que du iugement de l'oreille. » (*Correspondence of Descartes and Huygens*, 1635-1647, ed. L. ROTH, Oxford, 1926, p. 248). Sur le goût de Descartes pour la poésie, voyez notre p. 6. Une fois seulement, on note, dans la correspondance de Descartes, une remarque qui, méthodiquement développée, aurait pu mener à une théorie de la tragédie. Dans une lettre à la princesse Elisabeth, il explique que la raison du plaisir qu'on prend à des sujets tragiques consiste en ce que toutes les passions, même tristes, sont pour l'âme un plaisir, dans la mesure où elle ne cède pas simplement à l'impression, mais, en même temps, devient consciente de sa force à dominer ses passions (IV, 309). De même, Descartes explique, dans *Les Passions de l'Ame*, que le plaisir que nous ressentons à des représentations tragiques est une joie purement intellectuelle, pouvant naître aussi bien de la tristesse que de toutes les autres passions (XI, 441). Déjà se fait entendre ici l'un des motifs principaux de l'esthétique ultérieure, celui de la contemplation pure.

(1) Préface à *Héraclius*, *Œuvres*, V, 146.

respecter entièrement les exigences aristotéliciennes. Corneille a accepté et répété la thèse que la tragédie doit opérer la katharsis en éveillant dans l'âme de l'auditeur la pitié et la crainte[1]. Cependant, là où il est tout à fait lui-même, là où il se laisse entraîner par son sentiment et s'abandonne à son inspiration poétique, il prend un tout autre chemin. Car il adopte alors la conception fondamentale de la morale stoïcienne, selon laquelle la pitié est rejetée, en tant que signe de faiblesse. Pour lui, ce qui est vraiment dramatique, c'est ce qui élève la force de l'âme, non ce qui, comme la pitié, la diminue ou l'abaisse. Le drame de Corneille exprime cet idéalisme particulier que Schiller a dépeint, dans sa poésie *Das Ideal und das Leben* :

> *Hier darf Schmerz die Seele nicht durchschneiden,*
> *Keine Träne fliesst hier mehr dem Leiden,*
> *Nur des Geistes tapferer Gegenwehr*[2].

Corneille veut si peu agir par le simple attendrissement que souvent il dédaigne son aide consciemment. Dans *Nicomède*, il a créé un drame où il renonce expressément à éveiller la pitié et l'émotion. Dans la préface à ce drame, il ose se dresser ouvertement contre la définition aristotélicienne de la tragédie, qu'il trouve trop étroite, et exiger une action qui, au lieu de pitié et de crainte, laisse la place à une autre affection. « Ce héros de ma façon, écrit-il de Nicomède, sort un peu des règles de la tragédie, en ce qu'il ne cherche point à faire pitié par l'excès de ses malheurs ; mais le succès a montré que la fermeté des grands cœurs, qui n'excite que de l'admiration dans l'âme du spectateur, est quelquefois aussi agréable que la compassion que notre art nous commande de mendier pour leurs misères... Dans l'admiration qu'on a pour sa vertu, je trouve une manière de purger les passions dont n'a point parlé Aristote, et qui est peut-être plus sûre que celle qu'il prescrit à la tragédie par le moyen de la pitié et de la crainte »[3]. Corneille ne voit pas la tâche véritable et la véritable grandeur de la tragédie en ce qu'elle place devant nous la souffrance dans toute sa force et dans

---

(1) *Discours de la tragédie, Œuvres*, I, 52 ; Préface à *Don Sanche d'Aragon, Œuvres*, V, 406, et en bien d'autres endroits.
(2) *Là, la douleur n'a plus le pouvoir de fendre l'âme ; là, il ne coule plus de larmes pour la souffrance, mais seulement à la vue de la vaillante résistance de l'esprit.* (Trad. d'Ad. REGNIER, Paris, 1859.)
(3) Préface à *Nicomède Œuvres*, V, 504, 508.

toute son horreur. Shakespeare, dans sa représentation de la douleur, va jusqu'à la limite de l'humain ; dans ses plus hautes créations
même, comme dans le roi Lear, il semble franchir cette limite. Une
telle profondeur de souffrance est refusée au drame de Corneille.
Mais c'est autre chose que vise le poète : il ne veut pas ébranler
l'âme de l'auditeur par le spectacle de l'effroyable, il veut la ravir
d'admiration. La volonté qui résiste à la douleur, et par là s'élève
au-dessus d'elle, fournit le contenu et le thème de l'art dramatique cornélien. C'est sur quoi repose le pathétique, propre à sa
tragédie. Corneille ne peint jamais ses héros accablés du fardeau et
de l'excès de leur souffrance. Il ne les peint pas non plus en violente
et passionnée révolte contre cette souffrance. Le thème fondamental
de sa tragédie, en réalité, est l'évocation de la résistance intérieure
de l'âme à la souffrance. Alors seulement le moi se saisit dans sa
nature la plus profonde, se révèle et s'affirme. D'où l'un des
traits caractéristiques par lequel Corneille se distingue de Racine.
A cet égard, les premières œuvres de Racine amènent déjà une
transformation du climat et de l'atmosphère tragiques.

> *Puisque après tant d'efforts ma résistance est vaine,*
> *Je me livre en aveugle au destin qui m'entraîne,*

dit Oreste, dans l'*Andromaque* de Racine (acte I, scène I). Il n'y
a pas, chez les héros de Corneille, de tel abandon à la passion,
de telle abdication du moi. L'un et l'autre apparaîtraient au
poète comme une sorte de sacrilège contre la dignité de l'art
tragique. La *forme* aussi du drame de Corneille est déterminée
par ce contenu. Il aspire à la plus grande intensité d'expression ; mais il ne cherche pas à l'atteindre par la simple fidélité à
la nature. L'expression ne doit pas nous ébranler, nous emporter
par sa fidélité à la nature ; elle doit plutôt éveiller notre admiration, précisément par les barrières qu'elle pose, par sa retenue et sa
sa mesure. Cette admiration s'adresse à la libre personnalité,
qui seule a puissance de dresser des barrières contre la pure affection et qui se révèle par là dans son autarchie, dans sa liberté et sa
souveraineté intérieures. Nous sommes ici à un point où, de nouveau, se montre clairement l'accord interne entre Descartes et
Corneille. Car, chez Descartes aussi, l'admiration prend une place
exceptionnelle. Elle se distingue de toutes les émotions purement
passives, en particulier de la pitié et de la crainte, et elle se trouve

expressément posée au-dessus d'elles. Dans l'énumération et le classement systématique des affections, donné par *Les Passions de l'Ame*, elle est au premier rang, « la premiere de toutes les passions »[1]. Cette importance primaire, elle la doit au fait qu'elle est dans son fond une affection purement théorique. « Cette passion, explique Descartes, a cela de particulier, qu'on ne remarque point qu'elle soit accompagnée d'aucun changement qui arrive dans le cœur et dans le sang, ainsi que les autres passions. Dont la raison est que, n'ayant pas le bien ny le mal pour objet, mais seulement la connoissance de la chose qu'on admire, elle n'a point de rapport avec le cœur et le sang, desquels depend tout le bien du corps, mais seulement avec le cerveau, où sont les organes des sens qui servent à cette connoissance. » L'admiration est donc la seule passion qui, parce qu'elle ne conduit à aucune excitation corporelle, ne peut entrer en lutte avec la liberté de l'âme, ni troubler la sûreté de son jugement. Elle est et reste, bien que sa nature de passion soit indéniable, une passion active, « rationnelle ». Le but et l'ambition de la tragédie de Corneille étaient d'éveiller de semblables passions, et non des instincts purement irrationnels ; c'est en cela que l'esprit du classicisme français s'apparente étroitement à l'esprit de la philosophie cartésienne.

(1) DESCARTES, *Les Passions de l'Ame*, art. 53, XI, 373.

II

DESCARTES
ET LA REINE CHRISTINE DE SUÈDE

CHAPITRE PREMIER

DESCARTES ET LA CONVERSION DE CHRISTINE

Descartes est du nombre des penseurs de qui la doctrine et la vie sont en pleine harmonie. Sa pensée modèle sa vie, elle en détermine le contenu et l'originalité. Car l'esprit de méthode, dont, chez Descartes, naît une forme nouvelle de philosophie et de connaissance scientifique, domine et inspire aussi toute l'orientation de son existence. Rien en elle n'est abandonné au caprice, ni au hasard. La vie se construit d'après un plan de ferme unité, que Descartes a conçu dès sa prime jeunesse et auquel, ensuite, il s'est tenu strictement et sans faiblir. Ce plan est celui qui, également, dirige sa recherche philosophique, son travail mathématique et physique. Il indique que la force des « représentations obscures » et des affections sourdes sera maîtrisée, tandis que triompheront les idées claires et distinctes, dans le domaine de la connaissance comme dans le domaine de la volonté. De même qu'il ne saurait y avoir, selon Descartes, de plus grand danger pour la pensée ni de pire tentation que de se laisser entraîner à aborder tantôt tel problème et tantôt tel autre, de sauter d'une tâche à une autre, de même la vie ne doit pas se dissiper en une série de résolutions, dictées par les circonstances extérieures, la tendance du moment ou le besoin passager. Une pensée authentique ne saurait s'accomplir par bonds ; elle réclame un mouvement unique et continu. Le développement du caractère et de la personnalité morale réclame la même continuité, la même certitude intransigeante. Ainsi ce fut une seule et même décision spirituelle, un seul acte d'intelligence et de volonté, qui prescrivit sa voie à la

recherche de Descartes et à la conduite de sa vie. Le journal philo-
sophiqne et scientifique de ses années de jeunesse illustre l'inséparable unité de ces deux tâches : elles se proposent ensemble à lui
et exigent une commune solution. Ce journal nous apprend que,
pendant les mois d'hiver 1619-1620, Descartes est parvenu à
fonder une « science merveilleuse » nouvelle. Mais nous sommes,
en même temps, informés d'un rêve, au cours duquel les mots
d'un livre qu'il lisait, — les poésies d'Ausone, — *Quod vitae sec-
tabor iter ?*... se sont offerts à lui[1]. Le règne du doute est par là,
d'un point de vue théorique et pratique, interrompu ; le doute
lui-même fonde une nouvelle certitude : vie et savoir sont, par
lui, ancrés au seul et même « point d'Archimède ».

Si l'on conserve la direction générale qui est donnée par ce
texte, ni la biographie de Descartes, ni son système scientifique
et philosophique ne posent plus de questions insolubles. L'une
et l'autre en deviennent accessibles et clairs. Si riches que soient
cette vie et ce système en problèmes théoriques et humains, le
développement de ces problèmes, cependant, ne conduit jamais à
des contradictions définitives, à de réelles antinomies ou à des impos-
sibilités rationnelles. Sur un seul point, ce tableau lumineux menace
de s'assombrir brusquement. Dans la vie et dans l'enseignement de
Descartes, qui, dès le début, se sont poursuivis si logiquement
et en se construisant l'un l'autre, semble, au cours des dernières années, tout d'un coup, se faire une rupture. Si nous devions juger
qu'il en fut bien ainsi et qu'il y eut, en effet, rupture, notre
croyance non seulement à l'unité de la doctrine du philosophe,
mais aussi à l'unité de son caractère moral serait ébranlée. L'indépendance, la satisfaction cherchée en soi, l'autarchie de la pensée et de la volonté, que Descartes a posée partout en principe
fondamental de sa logique comme de sa morale et qui s'est
incarnée en lui-même, paraît s'effondrer, quand nous envisageons
ses relations avec son élève princière, Christine de Suède. Ce que
Christine demandait de Descartes nous est immédiatement visible,
d'après la correspondance entre Descartes et Chanut, qui précéda
l'appel du philosophe à Stockholm[2]. Elle ne voyait pas seule-

---

(1) Journal de Descartes, 1619-20, dans la copie de Leibniz, éditée par Fou-
CHER DE CAREIL, *Œuvres inédites de D.*, Paris, 1859, p. 8 ; cf. X, 216 et suiv.
(2) Cf. les Lettres de Descartes à Christine et à Chanut, du 20 novembre 1647
(V, 81, 86).

ment en lui l'inventeur d'une nouvelle direction de recherches théoriques. Il lui apparaissait en même temps comme un sage, qui avait pénétré plus profondément que personne la signification réelle de la vie. La première question que Christine fit poser à Descartes concernait la nature du « bien suprême », — et, lorsqu'elle eut lu la réponse, elle dit à Chanut que Descartes, dans la mesure où cet écrit lui permettait d'en juger, était « le plus heureux de tous les hommes » et sa vie digne d'être enviée. De Descartes, Christine attendait et espérait donc une morale philosophique : une morale qui, grâce à sa sûreté et à sa cohérence intérieures, n'aurait pas à craindre la comparaison avec la logique ou la mathématique, nouvellement fondées par lui.

Mais Descartes, si nous acceptons la conception courante touchant ses relations avec Christine, aurait lourdement déçu cet espoir. Il lui aurait donné quelque chose de tout différent. Lui qui, partout ailleurs, prônait une recherche absolument libre et indépendante, expliquant qu'une fois dans sa vie, l'homme devait avoir la force de renoncer à ses préconceptions et préjugés, se serait, dans ce seul cas, comporté en maître autoritaire — et en maître non d'une philosophie, mais d'un dogme religieux. Il est vrai que Descartes n'a nulle part expressément contesté la valeur de ce dogme au sein du domaine qui lui était réservé, celui de la vérité « surnaturelle ». Jamais il n'a fait paraître aucun de ses ouvrages philosophiques, sans y ajouter l'assurance de son total dévouement à l'Eglise catholique. Mais cette soumission à une autorité déterminée, donnée en fait, est très différente d'une décision dogmatique et qu'il aurait prise lui-même, sur des questions de foi. Car il aurait dû, pour cela, faire un pas que, toujours et partout, il avait refusé et contre lequel il avait protesté de la manière la plus catégorique. Il aurait dû aborder des questions théologiques importantes et user, pour les discuter, d'arguments théologiques. Si Descartes s'y résolut, son attitude apparaît, en tous cas, sous un jour singulier et ambigu. Et aucune analyse historique n'a pu, jusqu'ici, que je sache, le laver radicalement de cette accusation d'ambiguïté. Il est compréhensible que les contemporains, chacun selon sa position propre vis-à-vis des questions de foi, l'aient jugé très différemment. Les uns lui ont décerné les plus grands éloges, les autres ont accumulé sur lui les blâmes les plus durs. Arckenholtz, le premier qui ait rassemblé systématiquement

la documentation se rapportant aux relations entre Descartes et
Christine, doit défendre encore Descartes de l'inculpation que,
jésuite déguisé sous le masque du gentilhomme, du soldat, du
savant et du philosophe, il aurait perverti non seulement Christine, mais d'autres hommes et femmes de haut rang, comme la
princesse Elisabeth et le prince Philippe d'Angleterre[1]. Des
jugements de ce genre nous semblent aujourd'hui inventions
fantastiques et absurdes ; il n'en subsiste rien, n'eût-on lu qu'une
seule ligne de l'œuvre de Descartes. Mais nos doutes n'en sont
pas pour cela dissipés. Car, même à nous tenir loin de toutes
les allégations du pur esprit partisan, pour nous contenter
des faits dont dispose la recherche historique objective, nous n'ar-
rivons à aucune conclusion nette. Tandis que Baillet, le biographe
de Descartes, et Brucker, auteur de la première *Histoire critique de la philosophie*, admettent comme un fait assuré que Descartes contribua à la conversion de Christine[2], cette opinion
est combattue violemment et à diverses reprises par des auteurs
plus récents. Kuno Fischer, par exemple, refuse d'attribuer sur
ce point la moindre valeur au témoignage de Christine ; il va jusqu'à déclarer inexact ce témoignage, qui aurait été donné seulement par « frivole complaisance »[3]. Il semble donc que, pour
sauver l'honneur de Descartes, on ait fait porter sur Christine
tous les reproches dont on voulait décharger le philosophe.

L'historien, par suite, se trouve placé, dès le début, en face
de ce problème dans une situation difficile. Appelé à juger avant
d'avoir bien compris, il doit se décider à suppléer par une appréciation morale des caractères aux lacunes de sa connaissance. Or
cette façon d'agir n'est pas conforme au précepte d'objectivité
historique. En vérité, jamais l'historien ne laissera discuter ou
diminuer son droit à une conception et à un jugement personnels ; mais il ne peut user de ce droit qu'après avoir réussi
à établir complètement les faits et à les interpréter du
point de vue des événements, comme du point de vue

(1) GUIDEON HARVEY, *Vanities of Philosophy and Physics* ; cf. ARCKENHOLTZ,
Mémoires concernant Christine, reine de Suède, 4 vol., Amsterdam et Leipzig, 1751-
1760, I, p. 226.
(2) BAILLET, *La Vie de Monsieur Descartes*, Paris, 1691, II, p. 432 et suiv. ;
BRUCKER, *Historia crit. Philos.*, Leipzig, 1742-1744, t. IV, pars 2, p. 243.
(3) K. FISCHER, *Descartes' Leben, Werke u. Lehre*, in *Gesch. der neueren Philos.*,
4.Aufl., Heidelberg, 1897, Bd. I, p. 266.

psychologique. Cependant l'analyse des sources historiques paraît ici ne point offrir de données suffisantes à une interprétation vraiment convaincante et sans ambiguïté. La documentation rassemblée par Arckenholtz, complétée et enrichie plus tard, nous renseigne certes en détail sur tout ce qui précéda la conversion et l'abdication de Christine. Mais la question des motifs, celle des rapports spirituels, qui furent dans cette circonstance agissants et décisifs, n'est pas résolue par là. La recherche historique moderne, telle qu'elle est représentée par le livre de Curt Weibull, *Drottning Christina,* apporte dans ses jugements beaucoup plus de prudence et de retenue que les exposés antérieurs. Grauert, dans sa monographie sur Christine, avait considéré comme prouvée pour l'essentiel l'influence de Descartes sur la conversion catholique de la reine. Il expliquait que Descartes, sans doute, n'avait rien prémédité de tel, mais aurait certainement représenté, à la demande passionnée de Christine, l'enseignement de son Eglise sous des traits aussi convaincants qu'il lui était possible[1]. Weibull, par contre, croit que la contribution de Descartes fut décisive non dans les questions dogmatiques, mais dans le domaine moral. Il indique, et avec raison, à quel point les pensées et maximes morales en lesquelles, à la fin de sa vie, Christine a traduit ses conceptions fondamentales des problèmes moraux et religieux révèlent l'influence de l'esprit cartésien sur la formation de son intelligence et de son caractère. « Chanut et Descartes, conclut-il, ont initié Christine à la doctrine catholique. Tandis que le luthéranisme lui était enseigné chaque jour et sans cesse par un clergé orthodoxe, le catholicisme venait à elle sous sa forme la plus noble, à travers Chanut et Descartes »[2].

La recherche proprement historique, tant que n'auront pas été découvertes des sources nouvelles, inconnues jusqu'ici — et une telle perspective, après le travail approfondi consacré à la question, est improbable —, ne pourra guère dépasser ces résultats acquis. Mais il existe une autre voie, non encore frayée, qui nous mènerait peut-être plus loin : la voie d'une pure histoire des *idées* et d'une analyse générale, sous l'angle de l'histoire spirituelle. Car, à une telle

---

(1) W. H. GRAUERT, *Christina Königin von Schweden und ihr Hof,* 2 vol., Bonn, 1837-1842, vol. II, p. 38 et suiv.

(2) CURT WEIBULL, *Drottning Christina, Studier och Forskningar,* Andra upplagan, Stockholm, 1934, p. 111.

recherche, le problème se pose, dès l'abord, sous un autre aspect
et d'un point de vue bien plus général. Il cesse d'être un problème
concernant un individu, pour gagner une signification universelle
et typique. Ce qui, dans un examen de ce genre, attire l'intérêt
de l'historien n'est plus un destin unique, mais, en quelque sorte,
le destin de la culture spirituelle du XVIIe siècle. Aucun individu,
si distingué qu'il apparaisse par sa naissance et son rang, ou par
les dons de son esprit, ses dispositions naturelles géniales, ne saurait se soustraire à ce destin. Il y reste inclus d'une manière particulière, là même où il pense de sa propre pensée et décide de sa
propre volonté. Les considérations qui vont suivre sur le problème Descartes-Christine essaieront d'illustrer une telle détermination de l'individu par l'universel. Le commerce des deux
personnages a été plus qu'un événement simplement personnel.
Il n'était pas seulement la rencontre d'une princesse avec l'un des
plus profonds penseurs et savants de son temps ; il incarne une
rencontre d'esprits dont la signification ne peut être expliquée
que par toute la constellation spirituelle dominant le XVIIe siècle.
Nous tenterons par la suite d'évoquer cette constellation, afin de
caractériser le tournant du destin qui s'accomplissait, non dans
Christine seule, mais dans son époque entière. Nous laisserons
dans l'ombre les événements politiques, aussi bien que les événements purement personnels, afin d'étudier le mouvement général
des idées, que les uns et les autres ne nous manifestent qu'indirectement. Si nous réussissions à rendre visible cet arrière-plan
spirituel comme tel, nous pourrions espérer que les figures et
les caractères singuliers ne s'en détacheraient que mieux et que
nous parviendrions à une vue nouvelle des rapports entre
Descartes et Christine.

CHAPITRE II

LE « THÉISME UNIVERSEL »
ET LE PROBLÈME DE LA RELIGION NATURELLE
AU DIX-SEPTIÈME SIÈCLE

Lorsque Descartes arrive à Stockholm, il ne trouve pas en Christine, qui a vingt-trois ans, une élève dont il doive guider les premiers pas dans le domaine des sciences et de la philosophie. Elle a dépassé depuis longtemps ces éléments ; en dépit de sa jeunesse, elle a non seulement conquis de vastes connaissances, mais sa position vis-à-vis du savoir de son temps est celle d'un jugement personnel. En ce qui concerne l'étendue de son savoir, Descartes est presque effrayé de la multiplicité des sujets au sein desquels Christine se meut avec une pleine assurance. Il ne cache pas qu'il voit, dans cette polymathie, plutôt un danger qu'une préparation à son enseignement philosophique. La forme d'esprit encyclopédique de Christine, qui s'emparait des matières les plus variées et qui toujours tendait vers de nouvelles connaissances, provoque de sa part les plus sérieuses réserves. Cette réceptivité presque sans bornes ne répondait pas à la spontanéité exigée par Descartes. Mais il espère réussir à diriger les études de la reine, peu à peu, sur des voies plus « philosophiques »[1].

Les scrupules que Descartes exprime paraissent absolument fondés, si l'on considère la manière dont se fit l'éducation de Christine. Dès sa prime jeunesse, elle avait manifesté un zèle extraordinaire et semble avoir été dotée d'une aptitude presque

_____

[1] Cf. DESCARTES, Lettre à la princesse Elisabeth, 9 octobre 1649, V, 430.

illimitée pour apprendre. Il n'y a presque aucune branche du savoir qu'au cours de ses études elle n'ait touchée une fois ; et, en un grand nombre, la connaissance et la pratique surtout des langues étrangères, elle était arrivée à une maîtrise véritable. « Son esprit, déclare Gabriel Naudé dans une lettre à Gassendi du 19 octobre 1652, est absolument extraordinaire ; je ne flatte pas en disant qu'elle a tout vu, tout lu, qu'elle sait tout »[1].

Trouver, dans cette richesse bigarrée de connaissances, une architecture intérieure et un lien d'unité peut apparaître comme une entreprise pour ainsi dire désespérée. Cependant la culture de Christine n'était pas seulement étendue. Son esprit aspirait, là même où il ne pouvait pénétrer la véritable profondeur d'un problème, à un ordre et à une cohérence systématiques. Sans cette tendance systématique et méthodique, Christine n'aurait guère choisi Descartes pour lui enseigner la philosophie. Cependant le centre de son intérêt pour les choses spirituelles ne coïncidait pas avec celui du philosophe. Elle cherche le « point d'Archimède » du savoir sur le terrain de la connaissance non théorique, mais pratique. Descartes est le philosophe de la pensée pure et, dans le principe du cogito, il a trouvé le point de départ de sa doctrine. Mais Christine ne s'est jamais maintenue à ce stade. La recherche, en aucun cas, n'a été pour elle un but en soi. Elle devait être le moyen de trouver une réponse à d'autres questions, qui lui tenaient davantage à cœur ; elle devait lui montrer la voie vers ce qui en réalité est digne d'être poursuivi, le « summum bonum ». « La plus grande de toutes les sciences — dit Christine dans ses Réflexions — est celle de savoir bien vivre et bien mourir ; toutes les autres sont inutiles, si elles n'y contribuent pas »[2]. Cette déclaration date des dernières années de sa vie, mais la maxime était dans son esprit certainement depuis sa jeunesse. Tous les efforts multiples et en apparence divergents de Christine dans la sphère de la connaissance théorique ont le même but déterminé. Ils se déplacent en somme autour de deux foyers : l'intérêt moral et l'intérêt religieux. Ses études linguistiques et

---

(1) Appendix Epistol. Naudaei ad Gassendum, p. 336. (Cf. ARCKENHOLTZ, t. II, Append. des pièces justificatives, N° XVIII).

(2) Pensées de Christine Reine de Suède, éd. de BILDT, Stockholm, 1906, Sentiments, n° 430 ; cf. Ouvrage du Loisir : « Tout ce qui ne rend pas l'homme plus sage et plus heureux est inutile en matière de sciences ». (BILDT, n° 90).

littéraires mêmes sont dirigées et orientées vers ces points. Car ce n'est pas une curiosité purement intellectuelle qui, de bonne heure, a fait d'elle une lectrice insatiable. Dans ses « Maximes », elle a répété souvent que la lecture a un but plus haut, qu'elle n'est pas une distraction, mais un devoir. « La lecture est une espèce de miroir, qui fait connaître les vertus et les défauts »[1]. La première question que nous devons nous poser si nous voulons comprendre le développement spirituel de Christine est, par suite : de quelle nature fut le miroir que lui offrirent ses lectures philosophiques, scientifiques et poétiques ?. Qu'y a-t-elle contemplé ?

L'étude, tout d'abord, du *problème religieux* nous fait aussitôt voir que Christine a été fortement influencée par le mouvement spirituel qui s'établit au milieu du XVe siècle, pour croître ensuite, de plus en plus. Ce mouvement commence avec l'ouvrage de Nicolas de Cusa, *De pace fidei* (1454), et trouve en lui déjà sa véritable forme classique. Le sujet de cet ouvrage est la recherche d'un fondement de la certitude religieuse, commun à toutes les croyances, si différentes puissent-elles être par leurs dogmes et par leurs rites. Ni le dogme, ni le rite ne constituent la véritable substance de la religion, ils ne décident point de sa valeur morale. Cette valeur est déterminée tout autrement : elle dépend exclusivement de la pureté et de la profondeur de l'idée que chaque religion se fait de Dieu. Aucune religion, si imparfaite et si primitive soit-elle, n'est entièrement privée de cette idée ; mais d'autre part, il n'y a pas de religion, si haute soit-elle, qui puisse l'exprimer en son sens « absolu », en sa pleine pureté. L'homme n'est pas capable d'une connaissance aussi absolue du divin ; il doit se contenter de métaphore et d'image. Toute religion donc est condamnée à conserver un reste d'anthropomorphisme. Nous ne saurions le bannir ; mais nous pouvons et devons comprendre qu'il n'appartient pas à l'essence de la religion, qu'il en est un élément accidentel. D'une telle vue naît, chez le Cusain, une admirable universalité et tolérance. Il parle, en tant que croyant et défenseur d'une église « catholique » universelle ; mais il veut accueillir dans cette église tous ceux qui confessent Dieu et communient dans son amour. Ce n'est point la confession de quelques articles de foi

---

(1) Ouvrage du Loisir, BILDT, 155 ; cf. *Ibid.*, 152 : « La lecture est une partie du devoir de l'honnête homme ».

ou l'accomplissement de rites et de cérémonies déterminés qui, pour
lui, fait le criterium de la vérité d'une religion, mais la force et la
profondeur de l' « *amor Dei* ». C'est pourquoi il ne s'indigne pas
de la multiplicité et de la contradiction des croyances. Non seulement il tolère cette multiplicité, mais elle lui paraît indispensable.
La multiplicité est inhérente aux signes qui, sensibles, ne peuvent
être que multiples ; mais si, au lieu de nous en tenir aux signes
extérieurs, nous saisissons leur sens et leur signification, l'unité
se rétablit. « Non turbabunt varietates illae rituum, nam ut signa
sensibilia veritatis fidei sunt instituta et recepta : signa autem
mutationem capiunt, non signatum »[1].

Cette conception de Nicolas de Cusa a posé les bases d'une
nouvelle « philosophie de la religion », préparant la voie et dési-
gnant le but. Mais au cours des deux siècles qui suivent, la période
qui va de 1450 à 1650, les termes prennent une autre signification
encore, non purement spéculative. A cette époque de guerres de
religion, la « pax fidei » n'était pas qu'un problème théorique, mais
devenait une pressante nécessité pratique. Si l'on ne parvenait
pas d'une manière quelconque à y répondre, tout l'ordre moral et
social était menacé et ébranlé. Le thème philosophique se trans-
formait en un thème éminemment politique. C'est sous cette forme
qu'il a été repris par les théoriciens politiques du XVIe siècle. Jean
Bodin, l'un des représentants du droit public les plus remarquables de son temps, est aussi l'auteur du *Colloquium heptaplomeres*, en lequel s'esquisse une phase nouvelle du développement du « théisme universel ». La période est celle de la guerre
contre les huguenots, de la nuit de la Saint Barthélémy, dont l'expérience est à l'origine de cet ouvrage. Le *Colloquium heptaplomeres* évoque une conversation où, à côté du catholique, non
seulement un luthérien et un réformé, mais un juif et un partisan d'une religion purement « naturelle » prennent la parole. Or
l'entretien n'apporte aucune décision dogmatique, mais il demande
que ceux qui confessent une quelconque religion s'unissent dans
une foi humaine, dans des œuvres pieuses et rivalisent sur ces
seuls points. « Qu'est-ce qui nous empêcherait, dit Senamus à la
fin de l'entretien, de demander ensemble et tous à la fois, d'un

---

[1] CUSANUS, *De pace fidei*, cap. 15. Voir, pour les détails, mon ouvrage : *In-
dividuum und Kosmos in der Philosophie der Renaissance*. (Stud. der Bibl. War-
burg, X). Leipzig, 1927, p. 29.

cœur ardent, au Dieu immortel, qu'il nous fasse avancer sur la droite voie ?... Car je crois, de ma part, que tous les hommes reconnaissent Dieu, père de tous les dieux, et, bien que la plupart des hommes unissent les créatures avec le créateur en leur communiquant ses honneurs, ils invoquent cependant le prince des Dieux *(principem)*, appelé par Porphyre et Platon τῶν θεῶν πατέρα καὶ παντοκράτορα... Quant à moi, j'aime mieux, pour ne choquer personne, approuver toutes les religions de tous, que d'exclure celle qui pourrait être la vraie... J'entre dans les temples des chrétiens, des ismaélites, des juifs, toutes les fois qu'il convient, et même dans ceux des luthériens et des zwingliens, pour éviter de scandaliser certains comme athée, ou de créer l'apparence de vouloir troubler l'ordre public. Parmi les dieux, j'attribue toutes choses au Tout-puissant et Souverain. Pourquoi donc ne demanderions-nous pas au Créateur et Père de toute la nature, par des prières communes, de nous conduire tous à la connaissance de la vraie religion ? »[1]

L'ouvrage de Bodin n'a été imprimé, pour la première fois, qu'au XIXe siècle ; mais il circulait, à l'époque, en manuscrit et a exercé la plus forte influence. Christine, qui ne laissait rien échapper de ce qui touchait au problème de la « vraie religion » et de son fondement philosophique, a manifesté un très vif intérêt pour le livre. Elle chargea un érudit français, Sarreau, avec qui elle correspondait, de lui procurer un exemplaire du manuscrit, provenant de la bibliothèque du président du Parlement de Paris, de Mesme, et comme Sarreau ne put y réussir, elle continua ses démarches par l'intermédiaire d'Isaac Vossius. Il semble que, d'abord, elle ne put se procurer que le premier livre du *Colloquium,* mais parvint ensuite en la possession du tout[2]. Quoi qu'il en soit, ce qui est sûr, c'est que le mouvement spirituel dont cette littérature est l'expression eut sur la formation des conceptions religieuses de la reine une extrême influence. Ce mouvement, au XVIIe siècle, n'avait pas perdu de sa force ; il continuait au contraire à gagner du terrain et s'étendait sur toutes les nations, sur toutes les croyances religieuses. Dans ses études sur le « Système naturel des sciences

---

(1) Voir *Das Heptaplomeres des Jean Bodin,* trad. en allemand et éd. par G.-E. GUHRAUER, Berlin, 1841, p. 156 et suiv.

(2) Cf. les indications dans GUHRAUER, *op. cit.,* Préface, p. LXXV et suiv.

de l'esprit au XVIIᵉ siècle »[1], Wilh. Dilthey a montré en détail quelle signification échoit à la pensée de l'universalisme religieux dans l'ensemble de ce système. Aussi bien par ses dispositions personnelles que par son éducation religieuse, Christine était préparée et sensible à cette pensée. Cette éducation religieuse avait été l'œuvre de Jean Matthiae, qui tentait d'écarter toutes controverses dogmatiques de son enseignement, afin de leur substituer l'étude et l'explication de la Bible. L'impression que les premières leçons de Matthiae firent sur Christine semble ne s'être jamais effacée ; dans sa vieillesse encore, elle se souvenait de lui, non comme d'un simple maître, mais comme d'un ami et d'un intime[2]. Aussi at-elle suivi avec beaucoup d'attention et une grande sympathie tous les projets qui visaient à l'union des différentes confessions chrétiennes. Cependant son intérêt ne se limitait pas aux tentatives à l'intérieur du christianisme. Dans le « Portrait » esquissé d'elle, Chanut rapporte expressément qu'elle s'occupait non seulement des points litigieux entre les protestants et les catholiques, mais semblait soucieuse, avec plus de zèle encore, de s'instruire sur toutes les objections faites par les philosophes, les juifs et les païens[3]. Cette tendance de son esprit devait la conduire souvent dans le proche voisinage d'une religion purement « naturelle ». Elle paraît être restée toujours détachée du contenu dogmatique de la croyance protestante, tel qu'elle le connaissait par la doctrine et la prédication. Elle avait eu, dès son enfance, une violente antipathie contre les idées concernant le jugement dernier ; aussi tous les enseignements dogmatiques à ce sujet lui étaientils suspects[4]. Même après sa conversion au catholicisme, elle n'a jamais pu renier complètement son penchant pour la religion naturelle. Au cours d'une conversation qu'immédiatement après son abdication et avant son départ de Suède elle eut avec sa mère, elle provoqua l'extrême indignation de celle-ci, en de-

---

(1) DILTHEY, *Das natürliche System der Geisteswissenschaften im 17. Jahrhundert*, in *Gesammelte Schriften*, II, Leipzig, 1914, p. 90 et suiv.

(2) Cf. l'autobiographie de Christine, chap. VIII : « Mon précepteur était mon Confident ». (ARCKENHOLTZ, III, p. 55) ; pour les détails concernant l'influence de Jean Matthiae sur la formation de Christine et sur son évolution religieuse, voir CURT WEIBULL, *Drottning Christina*, p. 86 et suiv.

(3) Voir le « Portrait » de Chanut, dans MARTIN WEIBULL, Om Mémoires de Chanut, *Hist. Tidskrift*, VII, 1887, p. 69.

(4) Cf. le récit par Christine elle-même de son évolution religieuse, dans BILDT, *Christine de Suède et le Cardinal Azzolino*, Paris, 1899, p. 12 et suiv.

mandant brusquement ce que sa mère dirait, si elle émettait l'opinion que tout le monde, païens aussi bien que chrétiens, pouvait
faire son salut[1].

Après ces considérations préparatoires, nous sommes en mesure
d'aborder le problème que nous voulons résoudre. Car nous pouvons lui donner maintenant un tour nouveau et plus général :
nous pouvons le transposer de la sphère des individus à celle des
faits généraux et des systèmes. La direction dans laquelle s'exerçait
l'influence de Descartes sur Christine n'apparaît nettement que
lorsqu'on se représente l'attitude du philosophe lui-même vis-à-
vis de la question fondamentale dont la reine jusque-là avait été
préoccupée. Nous ne sommes pas informés dans le détail sur
l'enseignement philosophique que Descartes donna à Christine
— et l'historien n'est pas libre de combler les lacunes de sa documentation par de simples conjectures. Mais l'histoire de la philosophie, l'histoire spirituelle en général se trouvent ici dans une
position différente et plus favorable que celle de l'histoire purement politique. Elles n'ont pas affaire simplement à des personnes et
à des événements, mais à des pensées et des idées. Or celles-ci ne sont
pas isolées, elles ont un ordre systématique déterminé ; elles ont
leur cohérence et leur consécution internes. En vérité, nous ne savons
pas établir rigoureusement ce que Descartes a enseigné à Christine ;
mais nous savons répondre à ce problème non moins important :
que pouvait-il et que ne pouvait-il pas lui enseigner ? Nous admet-
trons, sans crainte de nous tromper, que l'une des premières questions, à lui posée par Christine, concernait sa position en matière
de religion. Car tous les renseignements contemporains que nous
possédons sur Christine sont d'accord sur le point qu'elle réclamait toujours une réponse à cette question et qu'elle entraînait
tous les savants fréquentant sa cour à des discussions sur des
problèmes religieux. Les témoignages de Chanut, de Freinsheim,
de Macedo, de Malines et de Casati sont unanimes. Mais que
Descartes eût-il répondu à Christine, s'il voulait parler ouvertement et rester fidèle à l'esprit de son système ? Il ne pouvait l'affermir dans sa tendance vers la « religion naturelle » et le théisme universel. Car il était dès le début tout à fait étranger au mouvement spirituel qui se manifestait dans ces tendances et qui, pen-

[1] Sur le contenu de cet entretien, voir CHANUT, *Mémoires*, III, 358 et suiv. ;
cf. aussi GRAUERT, *Christina*, I, p. 574 ; II, p. 56 et suiv.

dant le XVIIᵉ siècle, ne cessa de gagner force et étendue. L'œuvre
fondamentale de Herbert de Cherbury, *De veritate prout distinguitur
a revelatione, a verissimili, a possibili et a falso*, parue treize ans
avant le *Discours de la Méthode*, était, par sa façon de poser la question et par sa position philosophique, bien loin de lui. Il n'a pas
refusé son estime à Herbert de Cherbury ; mais il voit une faute
cardinale en ce que l'auteur n'a pas nettement séparé la « croyance »
du « savoir », qu'il a mêlé la vérité révélée et les connaissances
acquises « par le raisonnement naturel »[1]. Pour Descartes, le
concept idéal de la religion naturelle, esquissé par Herbert de
Cherbury, est un fer en bois, une notion hybride au point de vue
de la méthode. L'existence de Dieu et les attributs essentiels de la
nature divine, la séparation radicale de l'âme par rapport au corps,
sa simplicité et son immatérialité sont, selon lui, susceptibles d'une
démonstration strictement rationnelle. Ce qui, par contre, dépasse
ces notions reste fermé à la raison humaine. Il est vain de s'y appe-
santir ou de vouloir imaginer quelque hypothèse « rationnelle » ;
seule la révélation peut livrer le dernier mot des « mystères »
de la foi. L'entendement humain ne saurait en juger, car il ne
peut et ne doit juger que par le moyen d'idées « claires et distinctes ». Chaque fois que ces idées font défaut, une seule prescription s'impose à lui, celle de la suspension du jugement,
l'ἐποχή inconditionnée. Et c'est, d'après Descartes, la volonté
qui doit veiller à ce que l'entendement ne se laisse pas entraîner à abandonner cette retenue. En vérité, l'entendement est
naturellement porté à juger, là même où les bases, les appuis
fermes des idées claires et distinctes lui manquent. S'il cède
cependant à cette impulsion, il commet non seulement une
erreur, mais une faute. Lorsque les données dont nous disposons
ne suffisent pas à fonder un jugement évident et certain, notre
devoir est de nous abstenir de tout jugement, car il vaudrait
mieux renoncer au savoir que de nous égarer dans de trom-
peuses apparences[2].

Mais à supposer qu'une telle réponse n'eût pas satisfait Christine, qu'elle ne se laissât pas arrêter aux limites de la prudence

---

[1] Voir la lettre à Eding (août 1638), II, p. 346 ; lettre à Mersenne du 27 août
1639, II, p. 570 ; cf. II, p. 647 et suiv.
[2] Cf. DESCARTES, *Meditationes* IV, V ; *Principia Philosophiae*, Lib. I, Sect.
30 et sq.

critique, de la réserve ; à supposer qu'elle eût demandé encore laquelle, entre toutes les religions positives existantes, était la meilleure et la plus conforme à la raison, — que pouvait lui répondre Descartes ? En tant que philosophe, en tant que penseur exact, il n'avait qu'à se taire. Mais il existait, en vérité, un autre point de vue, sous lequel le problème était susceptible d'être posé — et auquel Descartes, dès l'origine, n'était pas indifférent. Car la religion n'était pas seulement pour lui un problème métaphysique, elle avait une importance éminemment pratique. Elle concernait l'ordre moral et politique des choses, au maintien duquel elle était indispensable. La mettre en doute ou lui porter atteinte en cette fonction, Descartes n'y avait jamais pensé. Il n'était nullement révolutionnaire quant aux choses de foi ou d'organisation politico-sociale. La seule réforme à laquelle il aspirât était une réforme d'ordre purement intellectuel et privé. « Ie ne sçaurois aucunement approuuer, écrit-il dans le *Discours de la Méthode*, ces humeurs brouillonnes et inquietes, qui, n'estant appelez, ny par leur naissance, ny par leur fortune, au maniement des affaires publiques, ne laissent pas d'y faire tousiours, en idée, queique nouuelle reformation... Iamais mon dessein ne s'est estendu plus auant que de tascher a reformer mes propres pensées, et de bastir dans vn fons qui est tout a moy »[1]. Mais une telle limitation de perspective au moi et à ce qui en dépend ne pouvait, ni ne devait être valable aux yeux de Christine. Par son tempérament et par son caractère autant que par sa position, elle était destinée à une autre attitude. Descartes, dès qu'il eut conçu son plan de la réforme de la science, s'isola dans sa « retraite hollandaise » ; il expliqua que, désormais, toutes les comédies qui se joueraient sur la scène du monde ne le verraient plus acteur, mais spectateur[2]. Christine, au contraire, par sa naissance et par son rang, était destinée à l'action, non à la méditation, à la vie active, non à la vie contemplative. Tout ce que saisissait son intelligence devait se transposer en problème politique. Une séparation entre la vie privée et la vie publique n'aurait pu s'opérer pour elle ; elle ne pouvait pas davantage considérer la religion sous l'aspect purement intérieur, mais elle devait aussitôt percevoir son apparence visible, son existence et son organisation extérieures.

(1 *Discours de la Méthode*, Seconde partie (VI, 14).
(2) *Discours*, Troisième partie (VI, 28).

Or, si Christine, de ce point de vue, a poursuivi plus loin la pensée de Descartes, à quoi a-t-elle pu aboutir ? Descartes lui avait fermé l'accès à la « religion naturelle ». Il lui avait persuadé que non seulement il pouvait y avoir une forme de religion positive, révélée, mais qu'elle devait exister. Mais alors quelle était la révélation authentique, et quel moyen de la connaître, de la distinguer des hérésies ? Là s'engage un cours de pensées que, de nouveau, nous pouvons reconstituer nettement *a posteriori*, d'après des indices indirects. Le cartésianisme avait établi un signe et un critère fondamental non seulement de la vérité de la religion, mais de toute vérité. Rien, déclare Descartes, n'est plus erroné que d'admettre l'existence de *parties* de la vérité. La vérité est un tout et elle ne saurait être que telle. Enlève-t-on une seule pierre de l'édifice de la connaissance, l'édifice entier s'écroule. Car tout ici se tient et s'épaule réciproquement. S'il en est autrement, si, au lieu de la stricte cohérence systématique et de l'unité totale, règnent la multiplicité et la division, nous savons que nous nous trouvons dans le domaine de l'erreur et de l'illusion, non dans celui de la vérité. Cet idéal d'unité constitue la norme, en quelque sorte la boussole, de la doctrine cartésienne de la connaissance[1]. Mais ne pourrions-nous élargir encore sa portée, ne pourrions-nous l'appliquer aussi à la religion ? Nous avons vu pourquoi Descartes, philosophe et théoricien, s'opposait à une telle application. Alors entrait en vigueur son précepte de réserve et de suspension de jugement, qui l'arrêtait au seuil de la religion. Mais quelle forme prend effectivement le problème, lorsque nous le transposons du terrain de la philosophie à celui de la théologie ? Le critère de l'unité perd-il soudain sa force, ou ne pouvons-nous, là aussi, l'affirmer dans un sens particulier et le maintenir ?

Pour répondre à cette question, nous n'avons pas besoin de nous appuyer sur des constructions purement théoriques. La réponse nous est fournie par l'histoire ; car l'histoire de la théologie, au cours du XVIIe siècle, a réalisé, en fait, la synthèse cherchée. Bossuet appartient à la génération de théologiens qui sont imprégnés de l'esprit cartésien. Sans doute ne pourrait-on le désigner, sans plus, comme cartésien ; mais la méthode de Descartes l'a indubitablement marqué. C'est à elle et à la métaphysique cartésienne qu'il emprunte les armes de son combat en faveur du dogme et de l'Eglise unique, vraiment universelle[1]. C'est à partir d'elle que se déclenche son attaque contre le protestantisme et qu'il croit avoir trouvé le point faible de l'adversaire. Si nous faisons, avec Descartes, de l'unité le critère de la vérité, où trouver cette unité entre les confessions de foi évangéliques ? Ne s'opposent-elles pas et ne se combattent-elles pas avec passion ? C'est l'argument le plus important que Bossuet invoque contre le protestantisme. A l'exposé et au développement de cet argument est consacré l'un de ses principaux écrits, l'*Histoire des Variations des Eglises protestantes*. En vérité, le nom de Bossuet semblerait, relativement à notre problème, un anachronisme. Car la conversion de Christine est de l'année 1652, et l'ouvrage de Bossuet appartient à la fin du siècle : il n'a paru qu'en 1688. Mais la discordance temporelle ne doit pas nous déconcerter, lorsqu'il s'agit non d'établir des influences historiques et concrètes, mais de découvrir des rapports généraux et idéaux. En fait, un grand nombre de circonstances suggèrent que, dans l'esprit de Christine, s'est accompli un processus de pensée et de raisonnement analogue à celui qu'on observera plus tard chez Bossuet sous une forme plus explicite et logiquement plus solide. Christine ne s'était jamais sentie à l'aise au sein de la stricte orthodoxie. Les différences dogmatiques entre toutes les Eglises lui apparaissaient d'œuvre humaine et non divine. Longtemps elle avait espéré qu'un terme pouvait être mis à ces différences et que, finalement, on réussirait à trouver une confession de foi, commune à toutes les Eglises évangéliques. Son premier maître en matière religieuse, Jean Matthiae, avait implanté déjà en elle cet espoir. Pendant sa vie entière, il avait exercé en ce sens son activité, et son ouvrage : *Idea boni ordinis*, avait été conçu dans cet esprit. Mais précisément le destin de son vieux maître allait apprendre à Christine que, dans la situation où l'on se trouvait, tout effort d'union à l'intérieur du protestantisme était condamné à l'échec. Jean Matthiae fut impliqué par les orthodoxes suédois dans un dangereux procès qui se termina par sa condamnation. La reine ne put empê-

---

(1) Le rejet par BOSSUET de quelques thèses principales du cartésianisme ressort surtout de sa critique de la doctrine de Malebranche, dans une lettre du 21 mai 1687, tandis que l'influence positive de Descartes apparaît nettement dans son *Traité de la connaissance de Dieu*.

cher une telle issue ; son intervention personnelle put seulement lui épargner les pires conséquences[1]. Des expériences de ce genre devaient l'affermir dans cette conviction que le conflit entre les confessions de foi protestantes était insoluble. Mais elle ne pouvait ni ne voulait renoncer à l'unité indispensable. Elle le pouvait moins encore après qu'elle se fut familiarisée avec la pensée fondamentale du cartésianisme, selon laquelle l'unité était le critère propre à la vérité. Sur cette voie, elle pouvait très bien être amenée à la même conclusion que Bossuet, c'est-à-dire à la certitude que le salut ne se trouverait que dans le retour à l'Eglise unique, à l'organisation et à la tradition achevées du catholicisme.

Sa pensée *politique* aussi devait pousser Christine dans la même direction. De bonne heure, elle avait été dominée par un idéal précis. Depuis le début de son règne, elle désirait et tentait de toutes ses forces l'avènement d'une puissance royale absolue, dont le fondement et la durée fussent sûrs. Toute sa conduite est orientée vers ce seul et grand but. Ses relations avec la noblesse et avec les classes non nobles de la population, sa lutte pour assurer la succession du trône à Charles Gustave, toute sa politique inté-rieure sont déterminées par lui[2]. Mais, lorsque, conservant ce but devant les yeux, elle envisageait l'opposition entre le protes-tantisme et le catholicisme, à quel jugement devait-elle parve-nir ? Quelles étaient les tendances politiques dominantes du pro-testantisme et comment avait-il agi sur la formation politique de l'Europe ? La puissance impériale allemande était affaiblie par la guerre de Trente ans et l'Allemagne elle-même offrait l'image d'un complet déchirement. La décentralisation avait atteint le plus haut degré, dans la vie politique et ecclésiastique ; à l'inté-rieur même de chaque confession religieuse existaient de nom-breuses différences locales. En Angleterre, une forte puissance royale avait existé au XVIᵉ siècle, mais les combats religieux, pré-cisément, lui avaient fait échec. La révolution anglaise l'avait définitivement balayée : l'esprit puritain avait triomphé de la pen-sée monarchique. Dans ces circonstances, le regard de Christine ne devait-il pas se fixer sur la France, de préférence, qui devait lui apparaître comme le dernier rempart de la monarchie absolue,

(1) Détails sur le procès contre Jean Matthiae, dans CURT WEIBULL, *Drot-tning Christina*, p. 96 et suiv.
(2) Cf. à ce sujet l'exposé de CURT WEIBULL, *op. cit.*, p. 11 et suiv.

attaquée et menacée de tous côtés ? Sans doute, la puissance royale,
là aussi, menait-elle de durs combats. Du temps de la Fronde,
elle avait dû tenir tête à l'attaque simultanée de la haute noblesse,
du parlement et de la bourgeoisie. Mais, bien que l'issue de la
lutte ne fût pas décidée encore, le fondement de la monarchie
absolue n'en avait pas moins été posé, en de longs et tenaces efforts.
L'œuvre de Richelieu avait été reprise et continuée par Mazarin.
Or tous deux étaient cardinaux de l'Eglise catholique et devaient
à cette fonction une grande part de leur autorité, de leur influence
politique. « L'énergie violente de Richelieu, l'habileté rusée de
Mazarin, — écrit Ranke, dans son Histoire de France —, furent
considérablement appuyées par le prestige que leur donnait la
pourpre romaine. Tous deux apportaient un zèle en quelque mesure
religieux à l'administration de l'Etat. Richelieu défendait la théorie
des droits appartenant à la couronne avec une logique qui avait
été jusque là réservée aux arguments religieux. Il créait pour ainsi
dire une religion de la royauté ; Mazarin en fit profession. Autour de ce drapeau, se rassemblaient leurs partisans »[1]. Christine
semble avoir été vivement conquise et animée par une telle idée.
Dans ses derniers essais théoriques, elle défend partout la pensée
que la thèse de la souveraineté royale, pour être réellement fondée
et pratiquée, doit être complétée par celle d'une autorité spirituelle
absolue. Dans le domaine temporel comme dans le domaine spirituel, elle repousse toute transaction ; dans l'un comme dans l'autre,
elle exige une organisation strictement monarchique[2]. Il n'est
nullement invraisemblable que, dans l'esprit de Christine, cette
synthèse se soit accomplie de bonne heure et qu'elle ait été l'un
des motifs de sa conversion au catholicisme. Si Christine a été
conduite à son changement de religion par un semblable cours
de pensée, on doit admettre que le cartésianisme n'a pas été
sans exercer sur elle quelque influence, mais que son rôle a été purement indirect. Nous devinons cette action indirecte, par exemple,
dans un propos ultérieur de Christine, rapporté par Pallavicini.
Entre les différentes religions, aurait-elle dit, il fallait bien que
l'une fût la vraie ; car Dieu serait un tyran, s'il avait donné au
cœur humain le besoin religieux, mais lui en avait refusé toute

(1) RANKE, Französische Geschichte, Buch XII, Cap. I, 3te Aufl., Stuttgart,
1877, III, p. 186.
(2) Cf. Sentiments (BILDT, nº 11 et passim).

satisfaction véritable[1]. Nous rencontrons ici, quoique sous une
forme quelque peu modifiée, une pensée fondamentale et un argument fondamental de Descartes. La logique et la mathématique
de Descartes, comme sa métaphysique, reposent sur l'évidence
qui appartient aux idées claires et distinctes. Nous n'avons nul
besoin alors d'une assurance déductive ; nous les connaissons par
une intuition immédiate, qui naît de la « pure lumière de la raison ». Telle est la position de Descartes dans son premier écrit
de méthode, les *Regulae ad directionem ingenii*[2]. Mais avec
le progrès de sa pensée, le doute universel ose, en vérité, toucher
même à ce fondement dernier de tout savoir. Est-il impossible
que cette évidence, attribuée aux idées claires et distinctes, et que,
d'après la constitution de notre esprit, nous devons leur accorder
nécessairement, garantisse seulement une certitude subjective, et
non objective ? Cette « pure lumière de la raison », qui s'étend sur
nos connaissances logique et mathématique et sur une partie déterminée de notre connaissance métaphysique, ne pourrait-elle pas être,
elle-même, assombrie et faussée ? Que serait-ce, si Dieu avait
voulu soustraire et interdire la vérité à l'homme, s'il l'avait condamné à s'égarer, là même où il se fie non aux sens, ni à l'imagination, mais à la pure vision intellectuelle, à l'*intuitus purus* ?
A cette difficulté, Descartes n'échappe qu'en faisant appel à une
nouvelle instance : en s'appuyant non plus sur l'existence, mais
sur la perfection de Dieu. Nous n'avons pas le droit de prêter à
Dieu l'intention de nous tromper : sinon il ne serait plus un Dieu
de vérité, mais un Dieu de mensonge. Sa nature ne serait plus parfaite, ni divine, mais bornée et démoniaque. Pour éliminer cette
absurdité, nous devons rétablir en son droit la « lumière de la
pure raison » ; nous méfier d'elle, équivaudrait à nous méfier de
Dieu. A cet argument théorique cartésien de la « *veracitas Dei* »
Christine a donné une application pratique. De même que Descartes rejette la représentation d'un Dieu trompeur, d'un « *Deus
deceptor* », elle rejette la pensée d'un Dieu tyran. Et Dieu serait
un tyran, s'il avait implanté en l'homme le besoin et le désir
de la religion, pour lui fermer toute voie aboutissant à leur satis-

---

(1) PALLAVICINI, *Vita Alexandri VII*, Appendix ; cité d'après RANKE, *Die
römischen Päpste*, 11. Aufl., Leipzig, 1907, III, p. 59. (Digression sur la reine
Christine de Suède).

(2) *Regulae*, III (X, 368).

faction. On voit comment, dans l'esprit pénétrant et dialectique de Christine, le problème de la religion s'était progressivement aiguisé et de quelle façon impérieuse il réclamait une décision. Il y eut un temps où elle penchait vers un scepticisme qui du moins ôtait à toute religion positive la prétention à la certitude. « Tout le respect, l'admiration et l'amour que j'ai eu toute ma vie pour vous, Seigneur, a-t-elle écrit plus tard, ne m'empêchait pas d'être très incrédule et peu dévote. Je ne croyais rien de la Religion dans laquelle je fus nourrie. Tout ce qu'on m'en disait me semblait peu digne de vous. Je crus que les hommes vous faisaient parler à leur mode et qu'ils me voulaient tromper et me faire peur pour me gouverner à la leur »[1]. Peu à peu, le problème de la vraie religion était devenu pour Christine un problème de *théodicée*. Toutes les formes de croyances ne pouvaient être pure invention ; sinon la responsabilité d'une telle invention ne saurait être imputée à l'homme seul, mais à Dieu. Un passage de l'ouvrage de Cicéron, *De natura Deorum*, assurant que les croyances opposées et contradictoires ne pourraient être toutes vraies, mais pourraient bien être toutes fausses, fit une forte impression sur Christine[2]. Cependant même le deuxième terme de l'alternative se refusait à sa créance, à mesure qu'elle avançait sur le chemin de la connaissance philosophique de la religion. Car plus elle pénétrait profondément l'esprit du système cartésien, moins elle pouvait mettre en doute l'existence et la perfection divines. Le système de Descartes prétendait avoir fait, de ces simples vérités de foi, des vérités de pure raison ; Descartes pensait les avoir assurées par des preuves métaphysiques irréfutables. Du moment que la perfection et la bonté de Dieu étaient au-dessus de toute attaque et que, conformément à ces prémisses, *une* religion devait être la vraie, on en était réduit à choisir entre les formes existantes de croyance. Mais une nature comme celle de Christine ne pouvait être déterminée au choix de l'extérieur, par un enseignement et une influence de pure autorité, elle devait s'en remettre à sa raison et prendre une décision en conséquence.

La méthode qu'adoptèrent ses premiers maîtres catholiques,

---

(1) Biographie de Christine, ch. x ; dans BILDT, *Christine de Suède et le Cardinal Azzolino*, Paris, 1899, p. 23.

(2) Récit de Sforza Pallavicini, dans sa biographie d'Alexandre VII (cit. in RANKE, *Die römischen Päpste*, III, p. 59).

les jésuites Malines et Casati, confirme tout à fait cette hypothèse.
Ils essayèrent tout d'abord de l'enseignement catéchétique habituel,
mais durent bientôt se rendre compte que, pour cette élève, une
telle instruction n'atteindrait pas son but. A leur étonnement, ils
trouvèrent en Christine une « philosophe » achevée ; elle leur semblait « nourrie de la moelle de la philosophie morale ». L'enseignement devait donc, dès l'abord, prendre des voies philosophiques,
c'est-à-dire, dans ce cas, scolastiques. Ce que les jésuites cherchèrent
à prouver avant tout fut que les vérités fondamentales de la
croyance catholique sont certes supérieures, mais non contraires
à la raison[1]. La position est strictement correcte du point de
vue thomiste ; mais, pour l'accepter, Christine n'avait pas à renier
ses convictions philosophiques antérieures, elle n'avait pas à trahir
son maître Descartes. Car ce point était l'un de ceux sur lesquels
Descartes n'avait pas combattu la scolastique, mais l'avait bien
plutôt confirmée. Il ne pouvait et ne voulait être novateur que
dans le domaine de la science et de la métaphysique, alors que,
dans le domaine de la croyance révélée, il s'interdisait toute
tentative d'innovation, voire d'examen[2]. Le *Discours* montre
les vérités religieuses soustraites au doute méthodique ; elles
devraient être « mises à part », comme quelque chose d'inattaquable[3]. Et, selon Descartes, une telle « mise à part » n'infirme
pas la force de la raison ; celle-ci est simplement réduite au domaine qui lui appartient en propre[4]. Guidée par ses maîtres
jésuites, Christine est allée plus loin. Mais si Descartes ne lui avait
pas donné et n'avait pu lui donner l'impulsion vers la nouvelle

(1) Voir, à ce sujet, le rapport de Casati au pape Alexandre VII, dans RANKE,
op. cit., III, p. 61 et suiv.

(2) Que Descartes, à cet égard, est resté thomiste, il l'a lui-même souvent
reconnu, cf., par exemple, III, 215, 274. Voir aussi l'entretien avec Burman :
« Possumus quidem et debemus demonstrare Theologicas veritates non repugnare
Philosophicis, sed non debemus eas ullo modo examinare » (V, 176).

(3) *Discours de la Méth.*, 3e partie, VI, 28 : « Aprés m'estre ainsi assuré de ces
maximes, et les auoir mises a part, auec les veritez de la foy..., ie iugay que, pour
tout le reste de mes opinions, ie pouuois librement entreprendre de m'en defaire. »

(4) Descartes a toujours maintenu la séparation entre deux classes de vérités religieuses, dont les unes — comme l'existence de Dieu, la distinction de l'âme
et du corps — peuvent être rigoureusement démontrées, tandis que les autres —
comme l'Incarnation ou la Trinité —, nullement contraires à la raison, ne peuvent
jamais être découvertes, ni complètement comprises par elle, mais réclament
une révélation spéciale. Cette délimitation, autant que je sache, est le plus nettement exprimée dans l'écrit polémique contre Regius. Cf. VIII (2), p. 353 et suiv.

voie, sa philosophie cependant ne contenait rien qui la pût arrêter ; car le problème était de ceux que Descartes avait déplacé
de la sphère de l'entendement à celle de la volonté, l'abandonnant
par là à la décision personnelle.

Si nous jetons un coup d'œil sur l'ensemble des considérations
exposées jusqu'ici, nous embrassons, me semble-t-il, un tableau plus
clair, plus satisfaisant en même temps, de l'évolution religieuse
de Christine et du rôle qu'y a joué Descartes. Dans la relation personnelle que Christine a donnée de cette évolution,
se trouve aussi un passage où elle dit que, non satisfaite de
l'enseignement luthérien dans lequel elle avait été élevée, elle
s'était créé une religion à elle : « Quand je me trouvai un peu
agrandie, je me formai une espèce de Religion à ma mode »[1].
Il faut entendre ce propos « cum grano salis », et l'on ne saurait
le prendre en un sens strictement littéral. Christine était consciente
de sa valeur et sûre d'elle-même ; mais son indépendance n'était
pas de telle sorte qu'elle eût mis sur pied une nouvelle doctrine
philosophique, ou « créé » une nouvelle religion. Elle ne pensait
pas contre son époque, mais dans son époque ; et son appétit de
savoir était si varié qu'il n'était fermé à presque aucune incita-
tion du temps. « J'avois un desir insatiable de tout savoir, j'étois
capable de tout ; j'entendois tout sans peine », écrit-elle d'elle-
même dans son esquisse autobiographique[2]. Ainsi pouvons-
nous prendre le cours de son dévelopement comme un miroir
où, l'une après l'autre, apparaissent les images des mouvements
spirituels qui dominent le XVIIe siècle. Son esprit est comme un
instrument très sensible qui décèle, autour de lui, les moindres
oscillations de l'atmosphère et enregistre tous ses ébranlements.
Le mouvement général de la pensée philosophique au XVIIe siècle,
les tendances morales et religieuses, les idées et les modèles esthétiques, la nouvelle direction où s'engagent les études scientifiques et humanistes ont indéniablement agi sur Christine. Dans
un tissu au dessin si complexe, le cartésianisme ne représente
qu'un fil, et qui peut être discerné seulement par une soigneuse
analyse. Semblable analyse révèle que l'enseignement de Descartes, en dépit de sa brève durée, a laissé en Christine des

---

(1) Communiqué par GALDENBLAD, voir ARCKENHOLTZ, III, 210, note.
(2) *La Vie de la Reine Christine faite par elle-même*, ARCKENHOLTZ, III, 55.

traces profondes, jusque dans sa vieillesse[1]. Mais elle révèle,
en même temps, que l'influence de Descartes sur ses opinions
religieuses a été tout à fait indirecte. Les indices extérieurs que nous
possédons, touchant la conversion de Christine au catholicisme,
ne contredisent pas non plus cette conception. Car, d'une part,
ils nous apprennent qu'elle n'a fait la démarche dernière et décisive
que plusieurs années après la mort de Descartes, et indépendam-
ment de son action personnelle. D'autre part, son témoignage
ultérieur sur la contribution de Descartes à son changement
de religion ne signifie nullement ce que souvent on a voulu y lire.
D'une tentative de conversion par Descartes, en effet, il n'est point
question ; on y lit seulement que Descartes a « beaucoup contribué »
à sa conversion et que c'est à lui qu'elle devait « les premières
lumières »[2]. Plus tard, dans des conversations privées, la reine
s'est exprimée plus clairement et de manière encore moins ambiguë. Elle a dit simplement que l'enseignement philosophique
de Descartes avait déblayé beaucoup des difficultés qui, jusque-là,
l'avaient empêchée d'adopter la religion catholique[3]. Quelles

---

(1) Voir à ce sujet plus loin, les chapitres III et IV.

(2) Voir le texte de l'attestation dans ARCKENHOLTZ, IV, p. 19 n. (cf. XII, 600)

(3) « La facilité, avec laquelle elle s'étoit rendüe à plusieurs difficultez, qui l'éloi-
gnoient auparavant de la Religion des Catholiques, — tels sont les termes de ce
deuxième propos de Christine, — étoit düe à certaines choses qu'elle avoit oüy dire
à M. Descartes ». (POISSON, *Relat. Ms. de son entretien avec la Reine de Suède à
Rome en 1677* ; cf. BAILLET, *Vie de Descartes*, II, p. 433).

Il est évident que cette déclaration, dans ses termes, ne s'accorde pas avec la
première et qu'elle est beaucoup moins significative que celle-ci. D'où la
question, qui se pose à la critique historique : A laquelle des deux faut-il donner le plus d'importance et attribuer objectivement le plus de force probante ?
On l'a jusqu'ici résolue de manières très différentes, et la réponse était
presque exclusivement déterminée par la préférence personnelle de chaque auteur. KUNO FISCHER, qui voulait décharger Descartes du soupçon de toute contribution à la conversion de Christine, prend prétexte de la différence de termes
entre les deux déclarations pour rejeter en bloc le témoignage de Christine. « Le
témoignage de la reine, écrit-il, était inexact et a été donné par frivole complaisance ; elle s'est exprimée, dans le privé, assez sincèrement là-dessus » (*Geschichte
der neueren Philosophie*, I, p. 266 ; cf. plus haut, p. 44). BAILLET est d'un tout autre
avis ; en tant que pieux catholique, son intention est d'accentuer tout ce qui peut
mettre en bonne lumière la piété et l'orthodoxie de Descartes. Il explique ainsi
la retenue de Christine dans le propos privé : « elle affectoit de parler toûjours
fort froidement de ceux qu'elle estimoit le plus, surtout depuis qu'elle eût fixé
sa demeure en Italie ». (BAILLET, *l. c.*, II, p. 433). Ces mots sont bien obscurs ; quelle
raison aurait pu amener la reine à une telle « affectation » ? Baillet entendait-il
suggérer que Christine, pour ne pas choquer les préjugés nationaux italiens, n'aurait pas voulu attribuer à un Français, Descartes, la gloire d'avoir joué un rôle
décisif dans sa conversion ? L'explication serait non seulement peu digne de foi'

ont été ces difficultés et en quel sens s'est exercée l'influence de Descartes, nous avons essayé de l'établir. Mais notre examen a fait voir, en même temps, qu'aux incitations reçues de Descartes, Christine attacha dans la suite des réflexions tout à fait indépendantes. Or, ce sont ces conséquences tirées de son propre fond qui décidèrent de son passage définitif au catholicisme. Et notre attention doit être attirée encore sur un autre point. Il peut paraître singulier, au premier abord, que nous expliquions le changement de religion de Christine par ses « réflexions ». On a l'habitude de concevoir autrement une véritable conversion religieuse. On n'y voit pas le simple résultat d'un processus de pensées et de raisonnements ; on attend et on exige que la personnalité entière y participe, avec toutes les forces de son âme, sa sensibilité, son sentiment, sa volonté, son imagination. Aucun bouleversement semblable n'apparaît lorsqu'on observe Christine. Il faut opposer l'histoire de sa conversion à celle des natures profondément religieuses, et bien saisir la totale différence. Rien n'indique qu'elle ait vécu la pénible crise intérieure que nous découvrons chez saint Augustin, chez Luther, chez Pascal. Tout paraît s'être accompli en elle tranquillement et avec une logique rigoureuse, sans violent ébranlement de l'âme. Ainsi réussit-elle à enfermer si complètement ce développement en elle-même qu'aucun signe n'en a pénétré à l'extérieur. Son entourage immédiat, ses plus proches amis et familiers même n'ont rien su, rien deviné de ses durs combats spirituels. Pendant toute cette période, elle a dirigé les affaires de l'Etat avec la même sûreté et tranquillité qu'auparavant. Il n'a pu en être ainsi que parce qu'il s'agissait d'une évolution religieuse non fondée sur d'obscures

mais paraîtra encore plus invraisemblable, si l'on réfléchit que le propos dont il s'agit a été tenu dans une conversation avec le P. Poisson, oratorien français. En vérité, les deux affirmations de Christine — l'une officielle et l'autre privée — se confirment très bien l'une l'autre, si l'on se représente les circonstances particulières dans lesquelles elles ont été prononcées. Le témoignage officiel n'était nullement inexact, mais tendait vers un but déterminé : il était destiné aux autorités ecclésiastiques et devait servir à prouver l'orthodoxie de Descartes (voir les détails, XII, p. 594 et suiv.). La déclaration privée, au contraire, était libre de toute arrière-pensée. Elle s'adressait en quelque sorte directement à la postérité : car elle avait été faite dans un entretien avec le P. Poisson, en qui la reine Christine voyait le futur biographe de Descartes, lui ayant elle-même fait connaître son vif désir qu'il écrivît une vie de Descartes (cf. BAILLET, Préface, p. 12). Etant données ces circonstances, on ne saurait douter du caractère purement objectif de la communication privée et on estimera particulièrement haute sa valeur historique.

tendances irrationnelles, ni sur une aspiration mystique, mais s'accomplissant dans la claire lumière de la « raison » elle-même, sous sa direction et son contrôle. Christine n'avait pas « éprouvé », soudain, que le catholicisme était la seule voie du salut ; elle avait en quelque sorte « déduit » cette voie. Le catholicisme découle chez elle, finalement, comme seule conclusion logique possible, d'un ensemble d'hypothèses intellectuelles et spirituelles très compliquées. Beaucoup de ces hypothèses, ainsi qu'on l'a vu, viennent d'elle et non point de la philosophie cartésienne. Tout ce que nous savons de l'éducation religieuse de Christine par les jésuites Malines et Casati affirme également son indépendance. Elle n'aurait pu subir une conversion par des influences purement extérieures ; mieux, elle s'y serait violemment opposée. Rien n'était plus étranger à sa nature que de s'abandonner aveuglément à la direction d'autrui. Dès sa jeunesse, elle avait détesté la prédication, et cette répulsion semble avoir contribué beaucoup à l'éloigner de la croyance luthérienne[1]. Un pasteur luthérien l'ayant interrogée, plus tard, sur les motifs de sa conversion, elle lui répondit brutalement que ses prédications avaient été la cause de son départ et de son apostasie[2]. Jamais elle ne put se fier, sans conditions, à une direction et à une orientation purement autoritaires, dans les choses spirituelles. Même après sa conversion, elle eut des mots durs contre la prétention des prêtres et confesseurs à une absolue direction[3]. Elle a toujours refusé un « directeur », au sens propre du mot, en éprouvant le nom seul comme inconvenant[4]. Une telle nature ne pouvait être « convertie » par Descartes, même si celui-ci s'y était cru apte et senti destiné[5]. Au contraire, qu'il ait proposé à Chris-

---

(1) Voir la note de GALDENBLAD à la biographie de Christine, dans ARCKEN-HOLTZ, III, 209.

(2) Cf. CURT WEIBULL, op. cit., p. 93.

(3) Cf. Sentiments, BILDT, 264 et 265 ; Ouvrage du Loisir, BILDT, 1057, 1058.

(4) « Le nom de Directeur doit être insupportable à un homme d'esprit ».

(5) Combien peu Descartes, par la disposition de son esprit et sa manière de penser pouvait et voulait agir en « convertisseur », on le voit par le document le plus important peut-être pour la connaissance de son caractère et le plus révélateur : sa correspondance avec la princesse palatine Elisabeth. Il était avec elle en rapports beaucoup plus étroits que ceux qu'il entretînt jamais avec Christine. Il a dirigé son éducation et a exercé une influence décisive sur son développement spirituel. Le ton de ses lettres et la dédicace de son œuvre principale, les *Principia Philosophiae*, montrent à quel point, personnellement, il était proche d'elle et combien il l'estimait. Cependant nulle part on ne voit, chez Descartes, la moindre tentative pour faire renier par Elisabeth la croyance réformée, qu'elle conserva fidèlement.

tine certaines doctrines qu'elle s'appropria et qu'elle appliqua aux problèmes dont elle était incessamment occupée : les problèmes du bien suprême et de la vérité religieuse, — la supposition est non seulement permise, mais presque nécessaire. Comment, entre un tel maître et une telle élève, aurait-il pu en être autrement ? Descartes, donc, ne lui a pas donné, ni imposé une conclusion toute prête. Mais il pouvait lui donner quelques prémisses, qu'elle a davantage élaborées et dont elle a elle-même, sous sa responsabilité propre, tiré les conséquences logiques. L'enseignement de Descartes était de nature à éveiller en Christine encore une autre conviction : à savoir la conviction que le combat intellectuel mené par elle ne pouvait être vain et sans espoir, qu'elle réussirait enfin à trouver une solution et une décision certaines. En suivant le chemin tracé par Descartes, elle n'avait nul besoin de s'abandonner à une résignation sceptique. La philosophie de Descartes est sceptique seulement quant à sa méthode. Mais elle est, quant à ses résultats, strictement rationaliste. Elle commence par le doute radical, pour se terminer sur le triomphe de la raison et de la pensée pure. Sans doute, ce triomphe, selon Descartes, ne saurait être étendu immédiatement à la vérité religieuse. Mais les propositions compréhensibles à la pure raison, pour être nettement séparées des thèmes de la croyance révélée, ne le sont cependant point par un infranchissable abîme. La doctrine même de la « veracitas Dei » empêche toute rechute vers la doctrine de la double vérité. Certes la vérité prend, aux yeux des hommes, deux formes, et elle n'a pas qu'une seule source ; mais, d'après son contenu, elle n'en est pas moins cohérente et unique. Nous pouvons affirmer cette cohérence de la connaissance philosophique et scientifique et de la connaissance religieuse. Révélation et raison n'entrent pas dans un rapport de contradiction : la raison bien plutôt est elle-même de nature et d'origine divines. Aussi n'était-ce pas à travers des expériences « mystiques », mais par le chemin d'une stricte réflexion et d'une déduction logique qu'un esprit comme celui de Christine pouvait parvenir à la croyance révélée, — pour se convaincre enfin que cette croyance révélée avait sa plus pure et claire expression dans le dogme catholique. Le détour peut paraître singulier et particulièrement compliqué ; mais, chez une personnalité aussi curieuse et complexe, il n'a rien d'étonnant ni d'invraisemblable. Nous ne pourrions guère

nous attendre, chez Christine, à un développement selon les voies
ordinaires, surtout si nous tenons compte des forces extraordinai-
rement nombreuses et opposées qui, depuis sa prime jeunesse, ont
contribué à former sa personnalité.

Une autre circonstance rend ce développement beaucoup moins
surprenant qu'il ne pourrait sembler au premier abord. Nous
avons plus haut nommé Pascal, et Pascal se situe certainement,
à tous égards, à l'antipode de la pensée et de la conception religieuse de Christine. Il s'est opposé avec une extrême décision à
l'intellectualisme cartésien. Il repousse toute tentative de faire
des vérités religieuses fondamentales un objet de démonstrations
métaphysiques. Ces vérités, selon lui, ne sauraient être ni démontrées, ni comprises, elles ne sauraient être que « saisies ». Or, l'instrument de cette prise ne serait pas l'intelligence, mais le cœur de
l'homme. Pour cette raison, il n'y aurait pas de commune mesure
entre la vérité religieuse et la vérité scientifique ou métaphysique.
« Le cœur a son ordre ; l'esprit a le sien, qui est par principe et démonstration ; le cœur en a un autre. C'est le cœur qui sent Dieu, et
non la raison. Voilà ce que c'est que la foi : Dieu sensible au cœur. »
Le but des *Pensées* de Pascal était de montrer la raison dans sa
faiblesse et impuissance, de briser son orgueil et de la courber
sous la volonté de Dieu. « Humiliez-vous, raison impuissante...
et entendez de votre maître votre condition véritable, que vous
ignorez. Ecoutez Dieu. » Cependant Pascal, en dépit de tout son
« pyrrhonisme » et de son « irrationalisme », appartient à son époque,
à ce même XVIIᵉ siècle qui a découvert « l'autonomie de la pensée », qui a voulu exprimer cette autonomie dans la science, dans la
philosophie, voire dans la poésie et dans la religion. Pour lui aussi, il
est certain que le caractère propre et distinctif de l'homme consiste
dans la pensée, qu'en elle il faut voir sa dignité et sa grandeur.
« L'homme n'est qu'un roseau, le plus faible de la nature ; mais
c'est un roseau pensant. Il ne faut pas que l'univers entier s'arme
pour l'écraser : une vapeur, une goutte d'eau, suffit pour le tuer.
Mais quand l'univers l'écraserait, l'homme serait encore plus
noble que ce qui le tue, parce qu'il sait qu'il meurt, et l'avantage que l'univers a sur lui ; l'univers n'en sait rien. »

Il en résulte, pour Pascal même, une morale qui rend hommage
à la pensée et qui veut tirer d'elle sa force la plus haute. « Toute
notre dignité consiste donc en la pensée... Travaillons donc à bien

penser : voilà le principe de la morale »[1]. Descartes, au XVIIe siècle, était le grand maître de cette morale à laquelle même un Pascal ne pouvait échapper. Christine également y était attachée et s'y sentait intérieurement contrainte ; — on devra convenir que, par le cours même de son évolution religieuse, elle ne lui a pas été infidèle.

Si l'on tient compte de tous ces éléments, on pourra, me semble-t-il, parvenir à une représentation et à une compréhension objectives des faits. Pour combler les lacunes de l'interprétation psychologique, il n'est pas besoin de porter contre le caractère de Descartes ou celui de Christine des accusations graves. On n'aura pas besoin d'admettre que Descartes a méconnu la tâche à lui confiée au point que, professeur de philosophie, il ait agi en missionnaire catholique. Pas davantage on n'aura besoin de soupçonner que Christine, par légèreté et « complaisance frivole », ait délivré un faux témoignage. Toutes ces hypothèses s'écroulent, dès que nous parvenons à nous placer au cœur des questions dont Christine était préoccupée : questions fort éloignées, en vérité, de notre pensée moderne. Nous ne les saisirons qu'en gardant dans l'esprit toutes les conditions de culture d'où elles tiraient leur développement. Nous ne nous dissimulons certes pas que, si l'on accepte notre explication, le problème perd beaucoup du romantique attrait dont il a toujours été enveloppé. Christine, de tout temps, a été considérée comme une « énigme vivante »[2]. Un contemporain qui a donné un récit de sa conversion dit que l'histoire en est d'une si ingénieuse construction qu'elle est plus passionnante et plus intéressante que n'importe quel roman[3]. Or, un tel intérêt s'évanouit à un examen plus précis ; car la logique n'est point romantique. Mais le processus intérieur qui conduisit Christine à changer de religion n'est pas moins intéressant pour cela ;

---

(1) Pascal, *Pensées*, éd. L. Brunschvicg, Sect. VI ; n° 347.

(2) « Elle a traversé l'Europe comme une énigme vivante, errant quelquefois d'un pays à l'autre sans but apparent, agissant sans faire deviner le motif de ses actions et ne laissant après elle que le souvenir d'une apparition excentrique et mystérieuse ». (Bildt, dans la Préface à son édition de la *Correspondance de Christine avec le cardinal Azzolino*, Paris, 1899.) — A titre de curiosité d'histoire littéraire, on peut signaler encore que le premier écrit de prose que nous possédions d'Ernest Renan est consacré à l'énigme de la reine Christine : Renan, *Valentine de Milan, Christine de Suède, deux énigmes historiques*, éd. originale avec une préface de Jean Psichari. (Les Amis d'Edouard, N° 48).

(3) Un propos de Pallavicini ; cf. Grauert, *Christina*, II, 57.

il prend au contraire toute son importance si l'on regarde le détail de ses motifs psychologiques et logiques. Ce qu'il perd en magie romantique, il le gagne en intérêt historique ; car l'évolution accomplie en Christine fournit un témoignage caractéristique, non seulement sur la personnalité de Christine, mais encore sur la pensée et l'état d'esprit de toute son époque.

CHAPITRE III

LA RENAISSANCE DU STOICISME
DANS LA MORALE DES XVIe ET XVIIe SIÈCLES

Si déjà l'évocation de la nature intellectuelle de Christine et de sa formation nous place devant une tâche délicate, les difficultés augmentent encore sensiblement lorsqu'on s'interroge sur sa personnalité et sur son caractère. Les jugements alors s'affrontent brutalement, inconciliables. Les différences ou divergences, résultant de l'esprit de parti, politique et religieux, ont de tout temps agi sur ces appréciations. La recherche historique moderne a certes écarté beaucoup des obstacles et des préjugés qu'il fallait à cet égard surmonter[1], mais elle ne semble pas encore être parvenue à une conception unanime. Bien des jugements de la littérature polémique du XVIIe siècle, qui abonde en déformations et en accusations peu fondées, se sont perpétués jusqu'à nos jours. Ils ont pénétré jusque dans les ouvrages d'histoire de la philosophie. Dans son exposé des rapports de Descartes et de Christine, Kuno Fischer mentionne « les goûts bizarres, le naturel capricieux et versatile, la fausse et théâtrale grandeur » de la reine, auxquels, légèrement et aveuglément, elle aurait sacrifié sa noble mission. La vue est à coup sûr fausse et partiale, elle contredit non seulement les plus sûrs témoignages contemporains sur le caractère de Christine, mais l'impression immédiate que donnent ses écrits. Christine, sous bien des aspects, peut paraître « bizarre », mais sa nature ne peut être définie simplement

_____

[1] Cf. surtout l'exposé de CURT WEIBULL, p. 79 et suiv.

comme capricieuse et versatile. Elle pense et agit rarement ˙sous l'impulsion du moment. Elle est réfléchie, désire se donner les raisons de son action ou de son abstention, veut les conformer à des maximes précises. Pour rendre justice à une telle personnalité, nous ne devons pas la juger seulement d'après ses actions, mais précisément selon ces maximes. L'historien est libre de rejeter comme faux et erronés les idéaux et impératifs moraux par lesquels Christine était guidée ; mais il doit auparavant les avoir identifiés et compris dans leur vrai sens. Toutes les réflexions morales que Christine a élaborées et qu'elle a notées à la fin de sa vie révèlent une certaine cohérence interne. Le « sapere aude » reste sa véritable devise. Elle exige un accord entre la pensée et l'action, l'union du discernement clair et du courage moral[1]. Une telle nature peut se tromper, du point de vue intellectuel comme du point de vue moral, mais elle n'est ni inconsistante ni indécise ; elle n'hésite pas, elle poursuit son but jusqu'à la fin.

La morale de Descartes est fondée sur « l'idéalisme de la liberté ». L'idéalisme théorique exprimé dans le cogito trouve par là son écho dans l'intimité du moi et son achèvement. La force de la raison qui se manifeste par la construction de la pure connaissance, dans le domaine de la logique, de la mathématique et de la métaphysique, ne reste pas enfermée en ces limites. Elle trouve une manifestation nouvelle là où la raison en vient à orienter la volonté de l'homme sur les buts qu'elle a reconnus vrais et authentiques, seuls essentiels. Par là seulement est atteint l'achèvement harmonieux du système cartésien. D'une puissance purement intellectuelle, il est devenu une véritable puissance vitale. La raison est déclarée souveraine, non seulement dans le royaume de la connaissance, mais encore dans celui de l'action. « Descartes, dit Dilthey, incarne l'autonomie de l'esprit, fondée sur la clarté de la pensée. En lui, vit la synthèse originale de la conscience de la liberté avec le sentiment de la puissance de la pensée rationnelle. Et c'est là le plus haut degré de la conscience de sa souveraineté auquel un homme se soit jamais élevé »[2]. Connaître la conscience morale, dans sa nature et dans son origine particulières, signifie pour Descartes

---

[1] Ouvrage du Loisir (BILDT, 538, 462) : « Le bon sens ne subsiste pas sans le courage ». « Il faut vouloir fortement tout ce qu'on veut ».

[2] DILTHEY, *Der entwicklungsgeschichtliche Pantheismus*, etc. Voir *Ges. Schriften*, II, 349.

la fonder exclusivement sur elle-même. La raison morale, sans
doute, se voit située au sein du monde et elle ne saurait échapper
à son emprise ; elle ne peut et ne doit pas prendre le chemin de
l'ascèse. Mais elle est appelée à ne pas se laisser égarer par les
biens du monde ni éblouir par leur éclat. D'une simple représentation du bien, elle pénètre jusqu'à sa connaissance : à la place
des biens conventionnels et des valeurs illusoires, elle met les valeurs
essentielles. Et de même que, pour Descartes, tout savoir théorique, finalement, se laisse ramener à un seul principe suprême,
tout savoir pratique, en son fond, se résume ainsi : le bonheur et
la valeur ne peuvent échoir à l'homme du dehors, mais lui-même
doit les produire, l'un et l'autre. Cependant, seule en est capable
une nature noble, « l'homme généreux ». Lui seul réussit à se con-
centrer entièrement sur sa propre conscience, et cela le gardera
de toute dépendance vis-à-vis des biens, des opinions et des préjugés du monde. Descartes a défini déjà cet idéal dans la lettre
célèbre à Christine, de 1647. Il l'a fondé systématiquement et développé, dans son ouvrage sur *Les Passions de l'Ame,* terminé peu
après et envoyé en manuscrit à la reine. Le bien suprême consiste
dans la ferme volonté d'agir droitement et dans la satisfaction
intérieure qui naît de cette volonté. Ce bien est le seul qui soit
entièrement en notre puissance. Tout ce qui, par ailleurs, est estimé
« vertu » ou bonheur en dépend entièrement[1].

Cette conception a fortement agi sur Christine : cela ressort
de presque chaque ligne de ses propres essais philosophiques.
Avant tout, elle veut aspirer à l'idéal de « l'homme généreux »,
librement déterminé par soi-même et qui, fort de ce privilège intérieur, considère tout le reste comme négligeable. La valeur des
actions dépend de la valeur que la personne sait se donner à elle-
même[2]. D'où le devoir pour chacun de choisir et de déterminer
sa voie. « Il faut avoir en soi-même de quoi glorieusement commen-
cer et finir sa carrière »[3]. Ce que nous appelons la grandeur et la
gloire historiques est vain, si on n'y peut appliquer cette mesure. Les
héros véritables de l'histoire universelle ne sont pas ceux qui ont
accompli les plus grandes actions, mais ceux qui ont possédé la

(1) *Les Passions de l'Ame,* art. 154, XI, 446.
(2) Ouvrage du Loisir (BILDT, 37) : « Le mérite de la personne donne le prix
à ses actions ».
(3) Ouvrage du Loisir, dans ARCKENHOLTZ, Première Centurie, N° 42.

plus grande maîtrise de soi et en ont donné la preuve. Car la vraie grandeur ne consiste pas à faire tout ce qu'on veut, elle consiste en ce que la volonté se propose des buts légitimes et les poursuit en dépit de toute difficulté[1]. Peu importe l'état dans lequel on est né et les conditions particulières sous lesquelles on vit[2]. On peut être libre en esclavage, et, d'autre part, même sur le trône, on n'est roi que par le cœur et par l'esprit. Cyrus, Alexandre, César étaient grands, mais ils ne l'étaient pas grâce aux biens que la fortune leur avait conférés, ils l'étaient par la grandeur et la force d'âme ; « leurs âmes étaient encore plus grandes que leur grande fortune »[3]. Sans doute, Christine explique — mais cela aussi est véritablement cartésien — que la grandeur d'âme est une disposition naturelle ; il faut la conquérir, mais on ne la conquiert que lorsqu'on en a, en quelque manière, le don inné. Descartes n'a pas voulu désigner cette vertu, qu'il proclame la plus haute, par le nom habituel de « magnanimité », il lui préfère celui de « générosité », afin de signifier par là qu'elle dépend d'une inclination primitive de la volonté et qui lui est propre, de naissance[4]. Les hommes nés avec cette disposition se reconnaissent l'un l'autre et, malgré toutes différences d'état, de nation ou d'époque, se savent de même espèce ; ils ont en quelque sorte adhéré au même ordre[5]. L'ambition de Christine fut, de bonne heure, d'appartenir à cette communauté des « grandes âmes », embrassant tous les pays et toutes les époques. Tel était le mérite auquel elle aspirait et qu'elle plaçait plus haut que les droits à elle conférés par la naissance ; « le mérite personnel — écrit-elle vers la fin de sa vie — met la différence entre les rois, et non pas leurs Etats »[6]. Jusque dans le détail, jusque dans sa doctrine concrète des vertus,

(1) « La véritable grandeur consiste non pas à faire tout ce que l'on veut, mais à ne vouloir que ce qu'on doit. » (Sentiments, BILDT, 130. Cf. Ouvrage du Loisir, BILDT, 147).

(2) « Il importe peu en quel état ou de quelle manière l'on passe cette vie. Elle ne vaut pas ni la peine ni les soins qu'on s'en donne, si on la considère simplement en elle-même. » (Sentiments, BILDT, 30).

(3) Sentiments, BILDT, 34.

(4) Les Passions de l'Ame, art. 161, XI, 453. Cf. CHRISTINE, Ouvrage du Loisir (BILDT, 17) : « Le mérite naît avec les hommes ; heureux ceux avec lesquels il meurt. » Cf. Ibid. : « On ne saurait donner du mérite à ceux qui n'en ont pas. » (BILDT, 15) ; « Le mérite vaut mieux que les trônes. » (BILDT, 2).

(5) « Il y a une étoile qui unit les âmes du premier ordre, malgré les lieux et les siècles qui les séparent. » (Ouvrage du Loisir, BILDT, 157).

(6) Sentiments, BILDT, 117.

on peut suivre cette conviction. Et, là encore, éclatent ses affinités
avec Descartes. Descartes estime le sentiment de vengeance indigne
d'une âme héroïque. Une âme vraiment grande ne pense pas à la
vengeance, — non qu'elle pardonne l'offense, mais elle ne la ressent
pas comme telle. Car elle sait que rien ne lui saurait causer dom-
mage, ni injure, sinon elle-même, et qu'elle est préservée contre
toute blessure venant de l'extérieur. Elle n'a donc pas besoin de
répondre à une telle blessure par la haine ou la vengeance, mais
lui oppose le mépris[1]. Cette considération aussi revient perpétuellement dans les pensées et maximes morales de Christine[2] : la seule vengeance qui convienne à une « âme héroïque » — déclare-t-elle une fois — est la vengeance par des
bienfaits[3].

Il fallait signaler cet accord entre les « Maximes » de Christine
et les principes de la morale cartésienne ; mais, avant de pouvoir en tirer des conséquences nouvelles touchant notre enquête,
nous devons nous arrêter un instant. Notre conclusion serait préma-
turée, si, nous fondant sur des résultats antérieurs, nous supposions
que Christine dut sa philosophie morale à Descartes et à son enseignement. Car ce ne fut pas Descartes qui implanta en elle les premiers principes fermes de la conduite morale et lui proposa une
« philosophie » de la morale. Au moment de sa rencontre avec Descartes, Christine ne se présentait pas comme une simple élève.
Bien qu'âgée seulement de vingt-trois ans, elle avait mené à bien
une consciencieuse et profonde étude des problèmes moraux fondamentaux. La question de la nature du « bien suprême » l'avait occupée depuis sa jeunesse. Le célèbre « Portrait » de Christine, par Chanut, date de 1648, c'est-à-dire qu'il a été écrit avant l'arrivée de
Descartes à Stockholm. La reine se plaît parfois, y lisons-nous, à

(1) DESCARTES, *Les Passions de l'Ame*, art. 156 (XI, 447 et suiv.), 203 et *passim*.
(2) CHRISTINE, Sentiments, BILDT, 227 : « Rien ne peut nous offenser que nous-
mêmes, nous sommes en sûreté de tout ce qui nous vient du dehors. » Ouvrage
du Loisir, 24 : « Les mépris vengent noblement les grands cœurs » ; *Ibid.*, 26 : « Le
plaisir de la vengeance n'est pas fait pour les grands cœurs. » — Cf. DESCARTES,
Passions de l'Ame, art. 203 (XI, 481) : « Comme il n'y a rien qui rende [l'émo-
tion] plus excessive que l'Orgueil, ainsi je croy que la generosité est le meilleur
remede... contre ses exces : pource que, faisant qu'on estime fort peu tous les
biens qui peuvent estre ostez, et qu'au contraire on estime beaucoup la liberté, et
l'empire absolu sur soy mesme, qu'on cesse d'avoir lors qu'on peut estre offensé
par quelcun, elle fait qu'on n'a que du mespris, ou tout au plus de l'indignation,
pour les injures dont les autres ont coustume de s'offenser ».
(3) Sentiments, BILDT, 75.

parler, à la manière des Stoïciens, de cette hauteur et sublimité de la
vertu, qui serait le suprême bien de notre vie... C'est un plaisir extraordinaire de voir, comment elle dépose la couronne à ses pieds, en
disant que la vertu est l'unique bien que tous les hommes doivent
poursuivre, sans pouvoir tirer avantage de leur naissance ou de
leur état[1]. Or, cette peinture nous apprend, qu'avant la morale cartésienne, la morale stoïcienne a agi sur Christine, de bonne heure,
orientant sa pensée dans une certaine direction et donnant à sa volonté une certaine empreinte. Christine était intimement familiarisée
avec tous les classiques du stoïcisme antique, dont quelques-uns,
Sénèque et Epictète surtout, étaient de ses auteurs favoris. Nous
savons par Chanut qu'elle étudiait Epictète[2], et Isaac Vossius
écrit, en 1649, à Nicolas Heinsius que la reine attend avec impa-
tience l'édition de Sénèque par Gronovius[3]. Mais c'est envers
Marc-Aurèle que Christine ressentait naturellement le plus
d'amour et de respect. Car, en ce « Stoïcien sur le trône impé-
rial », s'affirmait à elle, comme un grand et mémorable exemple, tout
ce qu'elle exigeait pour soi et de soi. Lorsque Freinsheim, en
octobre 1648, au nom de la reine, invita Isaac Vossius à venir à
Stockholm, il ajoutait que celui-ci ne devait pas oublier d'apporter trois exemplaires des *Pensées* de Marc-Aurèle, alors parus
à Londres dans l'édition de Casaubon. Il ne pourrait faire à la reine
de cadeau plus beau et qu'elle souhaitât davantage, tant ce plus
noble de tous les princes était le modèle qu'elle admirait[4].
Joachim Gerdes, qui avait été appelé de Rostock à Stockholm
pour instruire la reine en littérature grecque, raconte combien
elle était versée dans cette étude ; plus que tous autres ouvrages,
elle aurait aimé le Nouveau Testament, Marc-Aurèle, Epictète,
qui auraient été de sa quotidienne nourriture spirituelle[5]. Il
ne faut pas perdre de vue le rôle médiateur joué par ces écrivains,
si l'on veut se faire une idée nette de la nature des « rapports » entre
Descartes et Christine sur le terrain de la philosophie morale. On

(1) « Portrait » de Chanut : cf. MARTIN WEIBULL, Om Mémoires de Chanut,
Hist. Tidskrift, VII, 1887, p. 70.
(2) Cf. la lettre de Chanut à Mazarin, du 12 octobre 1648 (XII, 530).
(3) Cf. GRAUERT, *op. cit.*, I, 374.
(4) Lettre de Freinsheim à Is. Vossius, d'octobre 1648, dans ARCKENHOLTZ,
IV, 236.
(5) « Eam in Graecis exercitatissimam fuisse atque in deliciis praecipuum
habuisse Novum Testamentum, M. Antoninum et Epictetum, ut libri isti fuerint
quotidie mensae ejus ornamento. » (D'après PLANTIN, dans ARCKENHOLTZ, I, 345).

doit se demander ce qu'à la reine, élève des stoïciens, Descartes pouvait apporter de vues nouvelles en ce domaine. Or, nous avons le témoignage explicite que, précisément, des vues nouvelles en ce domaine étaient ce que Christine attendait de Descartes. L'invitation de Descartes à Stockholm fut faite à la suite d'une thèse soutenue publiquement en 1647 par Freinsheim, — la reine avait assisté à cette soutenance —, et qui traitait du « souverain bien ». Non satisfaite de son résultat, Christine chargea Chanut de soumettre la question à Descartes, qui saurait l'examiner plus sérieusement et jusqu'au fond[1]. Ce qu'elle désirait donc avant tout, ce qu'elle croyait ne pouvoir trouver chez aucun autre penseur du temps, ce n'était pas tellement une doctrine morale de contenu nouveau qu'un nouveau fondement de doctrine morale : une méthode nouvelle et de nouveaux principes. Mais pour comprendre ce que Descartes, et lui seul, pouvait à cet égard lui donner, il nous faut revenir loin en arrière et nous représenter avec quelque précision l'arrière-plan que l'histoire des idées fournit à la philosophie morale du XVIIᵉ siècle.

Depuis la Renaissance, la doctrine stoïcienne n'avait cessé de gagner du terrain. L'ensemble de la « connaissance de l'homme » prend, sous l'influence des idées et de l'idéal stoïciens, une apparence nouvelle. Dans ses études sur l'histoire spirituelle du XVIIᵉ siècle, Dilthey a montré de façon précise, comment, alors, sur la base fournie par ces idées, se construit une nouvelle « anthropologie », comment la science de l'homme et la théorie de la conduite de la vie prennent leur forme particulière, rompant avec la conception scolastique et médiévale du monde[2]. Le mouvement commence en Italie et en Espagne, où il est incarné par Telesio, Cardan, Louis Vivès. Mais ce n'est encore là qu'un prélude à la véritable renaissance du stoïcisme. C'est dans la France du XVIᵉ siècle pour la première fois, avec les *Essais* de Montaigne, que cette renaissance atteint son point culminant et qu'elle se donne une forme appropriée et spécifiquement moderne. Il ne s'agit plus de reprendre un héritage ancien, mais pas davantage n'est tentée une création

---

(1) « Apres auoir ouy cette harangue, elle [la reine] auoit dit que ces gens-là *ne faisoient qu'effleurer les matières*, et qu'il en faudroit sçauoir mon opinion. » DESCARTES, Lettre à la princesse Elisabeth du 20 novembre 1647 (V, 89).

(2) Détails dans DILTHEY, *Die Funktion der Anthropologie in der Kultur des 16ten und 17ten Jahrhunderts. (Ges. Schriften,* II, p. 416 et suiv.).

neuve, dans un sens strictement théorique. Car Montaigne, moraliste, reste fidèle à sa devise « que sçais-je ? » Il ne veut inventer
aucun dogme moral ; et il évite tout exposé d'une doctrine morale
cohérente. Il n'est pas non plus ramené aux sources de la sagesse
stoïcienne par une curiosité purement érudite. Il a bien éparpillé
des citations classiques dans son œuvre entière, et il dit avoir puisé
sans cesse, comme les Danaïdes, dans son auteur favori, Sénèque[1].
Mais il est fort éloigné d'une simple imitation et va bien au delà
des méthodes humanistes plus anciennes d'assimilation des maîtres
antiques, méthodes que, dans un célèbre chapitre de ses *Essais*,
il a qualifiées de « pédantisme », et repoussées. « Que
nous sert-il d'auoir la panse pleine de viande, si elle ne se
digere ? si elle ne se trans-forme en nous ? si elle ne nous augmente
et fortifie ?... Nous nous laissons si fort aller sur les bras d'autruy,
que nous aneantissons nos forces... Ie n'ayme point cette suffisance relatiue et mendiée. Quand bien nous pourrions estre sça-
uants du sçauoir d'autruy, au moins sages ne pouuons nous estre
que de nostre propre sagesse »[2]. Dans ce passage apparaît le tournant décisif opéré par Montaigne. On pourrait dire que, chez lui,
à la place de l'interprétation humaniste des stoïciens, jusqu'alors
usuelle, s'introduit pour la première fois une interprétation vraiment « humaine ». Car tout chez lui est placé sous le signe d'une
conception absolument personnelle, d'une appropriation et d'une interprétation individuelles. Il ne veut pas établir de règles générales,
obligatoires ; il ne veut que se raconter et se comprendre : « de
l'experience que j'ay de moy je treuve assez de quoy me faire
sage »[3]. Entendue sous l'angle du savoir, cette limitation à soi
semblerait marquer un renoncement sceptique ; mais sous l'angle
moral, au contraire, c'est ce renoncement qui dévoile, enfin,
la force fondamentale du moi. Car, en se manifestant sous sa
nature purement personnelle, le moi réalise en même temps, et
par cette individuation même, la « forme » générale de l'humain.
Cette pénétration de l'individuel, voire de ce qui est entièrement particulier et fortuit, par le général apparaît à Montaigne
comme son caractère distinctif de penseur et d'écrivain. « Les
autheurs se communiquent au peuple par quelque marque

(1) De l'Institution des Enfants, *Essais*, L. I, chap. 26.
(2) Du Pedantisme, *Essais*, L. I, ch. 25.
(3) De l'Experience, *Essais*, L. III, chap. 13.

speciale et estrangiere ; moy le premier par mon estre universel ; come Michel de Montaigne, non come grammairien ou poete ou iurisconsulte. »[1].

Pierre Charron, ami de Montaigne et son plus proche élève, ira plus loin. L'ouvrage de Charron *De la Sagesse* suit les traces de Montaigne et l'on trouve, à presque toutes les pages, des réminiscences des *Essais*. Mais aussi bien la forme que le plan de l'exposé ont changé. Charron, si fermement qu'il se tienne à l'attitude sceptique, si inlassablement qu'il montre la faiblesse et l'incertitude de tout savoir humain, tend, beaucoup plus que Montaigne, à une systématisation interne de ce savoir. Il veut offrir une doctrine cohérente des biens et des passions. Or, dans l'élaboration de sa doctrine des passions, on sent, à côté des influences stoïciennes, la montée d'une nouvelle tendance théorique. Tels sont les débuts d'une évolution qui trouvera son achèvement dans l'ouvrage de Descartes sur *Les Passions de l'Ame*. Avant tout, c'est la relation de l'intelligence et de la volonté qui, chez Charron, est conçue dans un esprit déjà vraiment cartésien. Car, d'une part, on pose que, de ce que l'homme a en propre, seule la volonté lui appartient réellement et sans conditions. Tout ce qu'il possède par ailleurs, entendement, mémoire, imagination, peut lui être ôté ou peut être troublé par mille incidents extérieurs. En la volonté, au contraire, se révèle le moi véritable et indestructible, et c'est d'elle que dépend la valeur spécifique de l'homme[2]. Mais d'autre part, il est certain, pour Charron, que la volonté ne peut se réaliser, qu'elle ne peut se transformer en action, si elle ne se confie à la direction de l'intelligence. Le jugement, œuvre de l'entendement, doit éclairer la volonté et la guider, en toutes ses démarches. La volonté ne doit prendre aucune décision, avant d'avoir appris à faire une distinction claire et certaine entre les différents objectifs qu'elle pourrait viser. Cette distinction, ce soupèsement de valeur ou de non valeur ne saurait être accompli que par le jugement, le « discours ». Pour garantir la véritable liberté de la volonté, nous devons donc, d'abord, avoir conquis la pleine liberté dans ce domaine Nous devons ne nous reposer que sur nous-même ; nous devons nous défaire de tout ce que la convention et l'habitude ont implanté

(1) Du Repentir, *Essais*, L. III, chap. 2.
(2) CHARRON, *De la Sagesse*, Liv. I, chap. 19 (Ed. de Paris, 1783, I, p. 147 et suiv.).

en nous, pour oser voir de nos propres yeux et juger de notre propre jugement. Sans doute y aura-t-il bien des cas où toutes les circonstances ne nous seront pas connues, où, par conséquent, nous ne pourrons arriver à une décision parfaitement claire, quant au pour et au contre de chaque motif. Mais alors même, nous pourrons échapper à l'erreur si, là où manquent les conditions d'un sûr jugement, nous laissons la décision en suspens. Car il vaut mieux s'abstenir complètement de juger que juger sous l'action de représentations obscures et de forces confuses. Par cette doctrine, qu'il expose et fonde minutieusement[1], Charron croit renouveler seulement l'ancienne exigence sceptique de la suspension du jugement ; mais, si l'on examine de plus près sa manière de raisonner, on le voit déjà engagé sur un chemin qui dépassera le pyrrhonisme de Montaigne pour aboutir au rationalisme de Descartes. Car, dans l'évaluation par Charron de toutes les forces de l'esprit humain, c'est l'entendement qui est proclamé souverain : de son usage droit dépend la liberté de l'esprit, condition de la vraie béatitude[2].

Tout ceci concerne l'évolution de certains grands motifs spirituels dont le thème est si général qu'ils survivent aux changements d'époque. Chaque temps leur confère une forme nouvelle, adaptée ; mais, à travers toutes ces formes, reparaît un certain contenu spirituel identique. Nul saut, ni soudaine rupture. A travers les siècles, peut toujours se rétablir l'immédiate communion et compréhension. Aussi est-il naturel que l'assimilation du stoïcisme, au cours des XVIe et XVIIe siècles, se soit accomplie si tranquillement et si continûment. De luttes intérieures, il n'y a d'abord presque pas trace ; le mouvement qui commence se propage de tous côtés et se poursuit, dans une certaine mesure, sans frottements intérieurs. Cependant, derrière ce développement, en apparence si rectiligne et uniforme, se dissimule un difficile

---

(1) Cf. surtout *De la Sagesse*, L. II, ch. 2.

(2) « Ainsy en l'homme l'entendement est le souuerain, qui a sous soy une puissance estimatifve et imaginatifve comme vn magistrat pour cognoistre et iuger par le rapport des sens de toutes choses qui se presenteront, et mouuoir nos affections pour l'execution de ses iugemens. Pour sa conduicte et reiglement en l'exercice de sa charge, la loy et lumiere de la nature luy a esté donnée : et puis il a moyen en tout doubte de recourir au conseil de son superieur et souuerain, l'entendement : Voyla l'ordre de son estre heureux. » *De la Sagesse*, L. I, ch. 20. Cf. à ce sujet Du VAIR, *Philosophie morale des Stoïques*, p. 282 et suiv.

problème. Car, si la nouvelle philosophie, la psychologie et la morale modernes se pouvaient rattacher sans peine au stoïcisme, un pénible conflit n'en allait pas moins surgir du point de vue de la théologie. La doctrine religieuse ne pouvait s'assimiler le contenu de la morale stoïcienne sans ébranler les fondements du système dogmatique médiéval. Ce système reposait sur la doctrine augustinienne de la grâce, en brutale opposition avec l'idéal stoïcien de la souveraineté et de l' « autarchie » inconditionnée de la volonté. Chez ceux qui les premiers renouvelèrent et prônèrent le stoïcisme, cette opposition n'a été sans doute qu'à peine consciente comme telle, ou n'a pas été ressentie dans toute sa force. Ils sont, pour la plupart, théologiens eux-mêmes, membres du clergé ou hauts dignitaires ecclésiastiques. Charron était prêtre ; G. du Vair, aux écrits moraux de qui Charron se rattache, et qui, par ces écrits et sa traduction d'Epictète, avait le plus contribué à la propagation des idées stoïciennes en France, était évêque. Tous deux étaient fort éloignés d'une attitude polémique envers la doctrine de l'Eglise ; ils croyaient bien plutôt à la possibilité d'une harmonie totale, à laquelle ils voulaient préparer la voie[1]. Cependant, au cours même de l'ouvrage de Charron, le conflit latent devient involontairement manifeste. Car, lorsque Charron développe son idéal personnel, il ne peut s'empêcher de s'apercevoir à quel point cet idéal contredit tout au moins certaines représentations conventionnelles et traditionnelles de la morale théologique. Celle morale doit fonder tous ses préceptes sur la volonté de Dieu : le bien est bon dans la mesure seulement où il est voulu de Dieu et sanctionné par lui. Mais contre cette conception Charron élève la plus vive protestation. Selon lui, la vraie sagesse coïncide avec la liberté intérieure. Or, celle-ci n'est donnée et garantie que là où pensée et volonté se prescrivent à elles-mêmes leur loi, au lieu de la recevoir de l'extérieur. Dans la lutte entre l' « hétéronomie » religieuse et l' « autonomie » morale, Charron prend certainement le parti de la dernière. Une morale

---

(1) Dans les milieux de l'orthodoxie théologique, toutes les tentatives pour réaliser une telle harmonie furent violemment combattues. C'est pourquoi l'ouvrage de Charron fut tenu pour dangereux, « athée et libertin ». On trouvera des manifestations caractéristiques de cette hostilité non seulement dans les violentes invectives du P. GARASSE, qui attaque *De la Sagesse* dans son ouvrage *La doctrine curieuse des beaux esprits de ce temps* (Paris, 1623), mais aussi dans l'ouvrage de MERSENNE, *Impiété des déistes et des athées* (Paris, 1624), où, dès le titre, sont mis sur le même plan Charron, Cardan, Giordano Bruno et la doctrine des « déistes ».

qui aurait besoin d'un fondement transcendant, ou même qui ne serait en mesure de se maintenir qu'en acceptant le soutien du dogme, serait, à ses yeux, un fantôme. « La vraye preud'homie, que ie requiers en celuy qui veut estre sage, est libre et franche, masle et genereuse, riante et ioyeuse, egale, vniforme, et constante, qui marche d'vn pas ferme, fier et hautain, allant tousiours son train, sans regarder de costé ny derriere, sans s'arrester et alterer son pas et ses alleures pour le vent, le temps, les occasions, qui se changent, mais non pas elle, i'entends en iugement et en volonté, c'est à dire en l'ame, où reside et a son siege la preud'homie... Or le ressort, de cette preud'homie, c'est la loy de nature, c'est à dire l'equité et raison vniuerselle, qui luist et esclaire en vn chacun de nous... Que vas tu chercher ailleurs loy ou reigle au monde ? Que te peut on dire ou alleguer que tu n'ayes chés toi et au dedans, si tu te voulois taster et escouter ?... Toutes les tables de droict, et les deux de Moyse, et les douze des Romains, et toutes les bonnes loix du monde, ne sont que des copies et des extraicts produicts en iugement, contre toy qui tiens caché l'original... Voicy donc vne preud'homie essentielle, radicale et fondamentale, née en nous de ses propres racines, par la semence de raison vniuerselle, qui est en l'ame, comme le ressort et balancier en l'horloge... N'ont ny vraye religion, ny vraye preud'homie, ...ceux qui veulent que la probité suyue et serue à la religion, et ne recognoissent autre preud'homie, que celle qui se remue par le ressort de la religion... Ie veux que sans paradis et enfer, l'on soit homme de bien : ces mots me sont horribles et abominables, si ie n'estois Chrestien, si ie ne craignois Dieu et d'estre damné, ie ferois cela : O chetif et miserable, quel gré te faut-il sçauoir de tout ce que tu fais ? Tu n'es meschant, car tu n'oses, et crains d'estre battu : ie veux que tu oses, mais que tu ne vueilles... Tu fais l'homme de bien, afin que l'on te paye, et l'on t'en dise grand mercy, ie veux que tu le sois, quand l'on n'en deuroit jamais rien sçauoir : Ie veux que tu sois homme de bien, pource que nature et la raison (c'est Dieu) le veut : l'ordre et la police generale du monde, dont tu es vne piece, le requiert ainsi...Ie veux aussi la pieté et la religion, non qui face, cause, ou engendre la preud'homie ja née en toy, et auec toy, plantée de nature, mais qui l'approuue, l'authorise, et la couronne. La religion est posterieure à la preud'homie ;... et ainsi ne la peut pas causer. Ce seroit plustost la preud'homie qui deuroit causer et engendrer la religion, car elle est première, plus ancienne et naturelle... Ceux donc peruertissent tout ordre, qui font suyure et servir la probité à la religion » [1].

L'ouvrage de Charron *De la Sagesse* est du début du XVIIe siècle. Sa première édition parut à Bordeaux en 1601. Il exprime l'esprit authentique de la Renaissance française, mais figure en même temps comme un messager et un annonciateur de la philosophie cartésienne. Une telle préparation, venue de milieux non seulement philosophiques, mais religieux et théologiques, explique l'influence extraordinaire qu'a exercée, dès ses débuts, le cartésianisme sur l'ensemble de la culture spirituelle française. Toutes les attaques de la part de l'orthodoxie ne purent affaiblir cette action ; la doctrine nouvelle trouva des défenseurs et des alliés jusque dans la théologie et dans l'Eglise. Une génération nouvelle de théologiens naît, qui ne combat plus le cartésianisme, mais plutôt tente d'emprunter à la logique et à la métaphysique de Descartes des armes dont elle puisse se servir contre les mécréants. Et cependant, cette alliance entre la philosophie et la théologie repose, dès l'origine, sur une base incertaine. Car elle suppose la reconnaissance de l'indépendance et de la souveraineté de la raison, — concession qui n'aurait pu être faite sans atteindre l'enseignement religieux central, la doctrine de la grâce, en ses déterminations essentielles. La doctrine augustinienne de la grâce avait déjà été au centre de tous les combats livrés au XVIe siècle entre la Renaissance et la Réforme, entre la morale humaniste et la morale religieuse. La grande querelle de Luther et d'Erasme sur le thème du « libre arbitre » est un exemple caractéristique de tels combats. Chez les catholiques, cette opposition était encore dissimulée ; on aspirait à son aplanissement et à un compromis. Mais toutes les tentatives de solution apparurent impossibles lorsqu'on vit à nouveau le problème dans toute son acuité. Quand Jansénius, dans son grand ouvrage sur saint Augustin (1640), rétablit la doctrine augustinienne de la grâce et l'éleva — sous sa forme la plus radicale — au rang de

---

(1) *De la Sagesse*, L. II, chap. 3 et 5. Le passage s'appuie principalement sur MONTAIGNE, *Essais*, III, 12 : De la Physionomie. — Montaigne et Charron ont subi, l'un et l'autre, l'influence de Pierre Pomponace qui, le premier dans le monde moderne, osa formuler le postulat d'une moralité « autonome ». Cf. mon ouvrage, *Das Erkenntnisproblem*, 3. Aufl., I, p. 114 et suiv., et Henri BRISSON, *Les sources et le développement du rationalisme dans la littérature française*, Paris, 1922.

dogme fondamental, il rompait les ponts entre la philosophie et la théologie. Dès lors, tout précipita un violent désaccord et, enfin, la grande querelle : la raison ou la révélation, le savoir ou la foi, la nature ou la grâce. L'attitude prise à l'égard de ces oppositions marquait fatalement et déterminait non seulement toute la pensée théorique, mais aussi la pensée pratique et politique, non seulement la religion proprement dite, mais aussi l'ensemble de toute la conduite de la vie.

Lorsque Descartes, en 1649, arriva à Stockholm, ces combats étaient encore à leurs débuts. L'acuité des oppositions n'était pas encore bien reconnue, de part et d'autre. Descartes, lui-même, était en proches relations avec les hommes qui allaient devenir les premiers maîtres et les défenseurs du Jansénisme. Antoine Arnauld fut du nombre des savants à qui Descartes fit lire ses *Méditations* avant leur publication, et dont il joignit les objections à son ouvrage. La discussion de ces objections est, au reste, menée sur un ton paisiblement objectif, amical pour leurs auteurs. Plus tard, la *Logique de Port Royal*, esquissée par Arnauld et développée par Nicole, pourra devenir un manuel du cartésianisme. Contre les attaques dirigées de la part de l'orthodoxie, visant la doctrine de Descartes, Arnauld a toujours pris expressément sa défense et soutenu la régularité de sa croyance[1]. Toutefois, c'était une alliance anormale, qui avait été conclue ainsi entre deux puissances spirituelles si différentes, — une alliance, dont l'existence, à la longue, ne pouvait se prolonger. Ce qu'Arnauld et Nicole avaient encore essayé de concilier fut, peu après, tranché par Pascal, d'un seul coup. Pascal est logicien, mathématicien et à ce titre cartésien ; cependant il voit en même temps l'abîme qui sépare non seulement le cartésianisme, mais toute « philosophie », toute doctrine purement rationnelle en général, de la doctrine de la grâce selon saint Augustin et le Jansénisme. Entre cette dernière et la thèse de la souveraineté et de l'autonomie de la raison humaine, il n'y a pas de médiation. Dans son *Entretien avec M. de Saci*, Pascal a élargi la faille entre les deux doctrines, que l'on avait jusque-là essayé de combler de diverses manières, à un point tel qu'elle devra rester désormais béante ; il a mis la philosophie de la morale et la

---

(1) Cf. l'ouvrage d'ARNAULD, *Examen d'un écrit qui a pour titre : Traité de l'essence du Corps, et de l'union de l'Ame avec le Corps, contre la Philosophie de M. Descartes*, 1680.

philosophie de la religion devant une décision précise, un oui ou
non, auquel il était impossible de se dérober[1].

Quelle eût été la décision de Descartes, quelle eût été celle de
Christine, si le problème s'était présenté à eux sous cette forme ?
La réponse, pour Descartes, ne saurait être douteuse. En ce qui
concerne le contenu de sa philosophie, Descartes, pour éviter un
conflit avec l'Eglise, était prêt à bien des concessions. Mais, sur la
question de la méthode et des principes de la connaissance, il ne
pouvait revenir en arrière. Sa position sur les deux points est en
contraste total avec la position pascalienne et constitue une protestation radicale contre la prémisse sur laquelle Pascal appuie toutes
ses déductions philosophiques et théologiques : l'hypothèse de
la « *raison corrompue* ». Le système de Descartes tient ou tombe
avec l'hypothèse que la raison, là où elle reste dans les limites
prescrites, là où elle s'appuie simplement et exclusivement sur ses
idées claires et distinctes, est susceptible d'atteindre la vérité
absolue, par ses propres forces. La même indépendance inconditionnée est reconnue à la volonté morale[2]. Dans la première
lettre qu'il avait adressée à Christine, Descartes déjà avait exposé
ce point de vue, et Christine l'avait aussitôt accepté avec enthou-
siasme. Car elle se trouvait, d'avance, sur le même terrain que le
philosophe. Elle n'avait jamais pu se soumettre au dogme théolo-

(1) Voir PASCAL, *Entretien avec M. de Saci* (1654-55), *Pensées*, éd. ERNEST
HAVET, 5ᵉ éd. Paris, 1897, t. I, p. CXXI. Quant au tournant d'histoire spirituelle qui s'exprime en cet entretien, cf. SAINTE-BEUVE, *Port Royal*, L. III,
ch. 1 (5ᵉ éd., Paris, 1888, II, p. 379 et suiv.).

(2) Descartes à Christine, 20 novembre 1647 (V, 81-86). — Fidèle à son principe
d'écarter tous les problèmes purement théologiques, Descartes a évité dans ses
principaux ouvrages philosophiques de donner son opinion sur le problème de la
la compatibilité de la liberté humaine et de la prescience divine. Pour le reconstituer, on en est réduit à des documents biographiques, sa correspondance et ses
propos au cours d'entretiens, dont ne se dégage aucune unité de vue, ainsi que
M. GILSON l'a montré dans *La liberté chez Descartes et la théologie*, Paris, 1913. On ne
dispose ainsi, en effet, que de propos de hasard, déterminés chacun par une occasion
particulière et par des considérations personnelles. Récemment, cette conception
de M. Gilson a été contestée par M. J. LAPORTE, dans son article : La liberté
chez Descartes, *Revue de Métaphysique et de Morale*, 1937, p. 101-164, mais non
sérieusement ébranlée, me semble-t-il. Même des textes fournis par M. Laporte,
je ne peux conclure que Descartes, sur cette question, ait formé et maintenu une
conception cohérente, ni que sa doctrine ait été orientée en un sens strictement
« antimoliniste ». Voir des détails, sur ce point, dans ROMANO ALMERIO, Arbitra-
rismo divino, liberta umana e implicanze teologiche nella dottrina di Cartesio,
Rivista di Filosofia Neo-scolastica, Suppl. spec. al vol. XXIX, Milano, 1937
surtout p. 33 et suiv.

gique de la volonté serve. Plus tard, elle repoussera toujours le
Jansénisme, et son antipathie contre la doctrine calviniste de la
prédestination était violente[1]. Mais, dans la première forme du
catholicisme qu'elle apprit à connaître, ce dogme ne lui fut pas
proposé. Tous ses maîtres furent des jésuites, ils se ralliaient donc
à cette tendance religieuse qui, alors comme plus tard, combattit
de toute sa force la doctrine de la volonté serve. Aussi ne vit-elle,
dans leur conception, aucune rupture avec ses idéaux empruntés
à l'Antiquité et au stoïcisme. En outre, Rome avait d'emblée reconnu clairement le problème qu'il fallait résoudre. Dans l'instruction que Malines et Casati reçurent pour l'enseignement de
Christine, il était dit expressément que la reine portait le plus grand
intérêt à la littérature grecque et à la philosophie antique ; les deux
pères, par conséquent, pendant leur voyage, devaient se consa-
crer à de minutieuses études grecques, afin de se préparer à leur
mission particulière[2]. C'est pourquoi Christine n'éprouva
guère la différence entre la morale stoïcienne et la morale chrétienne ;
mieux, elle croyait pouvoir surpasser encore son modèle admiré,
Marc-Aurèle, en associant sa doctrine morale au christianisme[3].

En vérité, nous avons aujourd'hui l'impression que Descartes,
aussi bien que Christine, s'ils crurent à une telle harmonie entre
les exigences de la raison et celles de la doctrine dogmatique de
l'Eglise, simplifiaient le problème. Ils cédaient à un aveuglement,
extrêmement surprenant, à première vue, chez un penseur aussi
perspicace et doué d'esprit critique que Descartes. Mais cela aussi
se comprendra mieux, si on fait entrer en ligne de compte les circonstances particulières qu'offrait l'histoire spirituelle dans la première moitié du XVIIe siècle. Nulle part encore une séparation
nette ne s'était opérée entre les deux partis qui désormais allaient
s'affronter sur cette question. Ce n'est pas Descartes, c'est Bayle
qui marque qu'une époque est révolue ; ce n'est pas le *Discours
de la Méthode*, mais le *Dictionnaire historique et critique* qui,
pour la première fois, de manière stricte et radicale, a séparé

---

(1) Cf. là-dessus le « Portrait » de Chanut dans Martin Weibull, *op. cit.*, p. 69.
(2) Instruzione ai due Padri da mandarsi nella Svezia ; cité d'après C. Weibull, *op. cit.*, p. 116.
(3) Cf. la lettre citée plus haut de Freinsheim, octobre 1648 (Arckenholtz,
IV, 236) : « Sic illa amat Principem omnium praestantissimum, ut studeat aemu-
lari : sic aemulatur, ut studeat supergredi, quod a se postulari posse ait, quum
Christiana sit ».

le savoir de la croyance. Ainsi pouvait se produire ce résultat para-
doxal : pour sortir de son doute, Descartes faisait vœu d'un
pèlerinage à Lorette, et — sa nouvelle voie une fois assurée — il
l'accomplissait en effet. On le lui a souvent sévèrement reproché.
On l'a accusé d'improbité ou, pour le moins, d'indécision intellectuelle. Mais ce jugement, considéré historiquement aussi bien
que psychologiquement, n'est pas juste ; il applique à Descartes
une mesure fournie par le développement de sa philosophie, mais
qui n'existait pas encore pour lui-même. Il nous faut ici faire une
distinction entre la personne et la doctrine. Nous n'avons pas le
droit d'attendre que Descartes ait tiré pour lui-même toutes les conséquences implicitement contenues dans les prémisses de son système[1]. Si nous voulons voir Descartes situé dans son temps, nous
ne devons pas faire abstraction de certains liens, respectés à cette
époque. Et il nous faut apprendre à connaître, puis à comprendre
la nature de ces liens, si nous voulons porter un jugement historique objectif.

---

[1] M. Henri GOUHIER a insisté sur la nécessité de distinguer, en ce sens,
entre Descartes et le « cartésianisme » ; cf. son ouvrage *La pensée religieuse de
Descartes*, Paris, 1924, et : Descartes et la religion, *Rivista di Filos. Neo-scolastica*,
Suppl. al vol. XXIX, Milano, 1937, p. 417 et suiv.

CHAPITRE IV

LA DOCTRINE DES PASSIONS CHEZ DESCARTES
ET SON ROLE DANS L'HISTOIRE DES IDÉES

Dans sa morale aussi, Descartes veut indiquer une voie toute nouvelle. Il ne veut pas, sur ce terrain non plus, se fier à quelque autorité que ce soit, et il croit avoir définitivement rompu derrière lui les ponts qui auraient pu le rattacher à la philosophie antique et médiévale. « Il n'y a rien en quoy paroisse mieux combien les sciences que nous avons des Anciens sont defectueuses, — ainsi débute son traité *Les Passions de l'Ame*, — qu'en ce qu'ils ont escrit des Passions. Car bien que ce soit une matiere dont la connoissance a tousiours esté fort recherchée ;... toutesfois ce que les Anciens en ont enseigné est si peu de chose, et pour la plus part si peu croyable, que je ne puis avoir aucune esperance d'approcher de la verité, qu'en m'éloignant des chemins qu'ils ont suivis. C'est pourquoy je seray obligé d'escrire icy en mesme façon, que si je traitois d'une matiere que jamais personne avant moy n'eust touchée »[1]. Mais sur quoi repose cette croyance de Descartes à l'originalité absolue de sa morale ? Elle ne peut se fonder sur le contenu de la doctrine ; car, à cet égard, l'entente étroite avec le stoïcisme est partout indéniable. Ce qui constitue sa nouveauté essentielle et à quoi il attribue une valeur décisive, ce n'est pas la lettre des propositions prises séparément, mais la manière de les prouver. C'est cette manière de fonder la morale qui inaugure de nouvelles voies, car elle s'appuie sur des hypothèses de philosophie de la

---

[1] *Les Passions de l'Ame*, art. 1 (XI, 327).

nature et de métaphysique, étrangères au stoïcisme. Descartes pouvait d'autant moins se soustraire à la tradition stoïcienne qu'elle avait, au XVIIᵉ siècle, retrouvé une force nouvelle. Elle l'enveloppait de toutes parts et avait déterminé de bonne heure l'atmosphère spirituelle et morale au sein de laquelle il avait vécu et grandi. Son séjour en Hollande ne pouvait qu'accentuer et approfondir ces impressions de jeunesse. Car la Hollande était le pays où justement le stoïcisme parvenait alors, chez les humanistes, à une seconde floraison. La grande école des philologues hollandais du XVIIᵉ siècle y eut une part, importante même du point de vue philosophique. Juste Lipse, Gerard Voss, Scioppius et Heinsius étaient les grands représentants de cette école. Par eux, l'héritage stoïcien fut refondu dans une certaine mesure, et de telle sorte qu'il pouvait immédiatement s'incorporer à la culture du temps, mais en prenant une marque nouvelle, spécifiquement moderne. L'écrit de Juste Lipse *De constantia* (1585), sa *Manuductio ad Stoicam Philosophiam*, sa *Physiologia Stoicorum* ont agi en çe sens ; à côté de ces ouvrages, on comptera encore celui de Gerard Voss *De Theologia Gentili*, les *Elementa Philosophiae Stoicae moralis* de Scioppius. « Les idées morales, écrit Dilthey, gagnèrent grâce à ce mouvement une force extraordinaire. Le désir prit naissance de les fonder universellement. La « lumière de la nature », qu'honorait la philosophie romaine, fut considérée par la doctrine stoïcienne, par l'idéalisme chrétien, voire par toutes les grandes philosophies, comme le fondement commun et suffisant. Ainsi s'opéra là aussi... un nouvel approfondissement de l'homme dans son moi, dans l'intimité dernière de son être »[1].

Mais, par là, nous avons trouvé une importante médiation, encore, entre le monde des idées de Descartes et celui de Christine. Car Christine, aussi, était en liaison étroite avec le cercle des philologues et humanistes hollandais qui cherchaient un renouvellement moral et philosophique sur la voie d'une reconstruction de l'école stoïcienne romaine. En ce qui concerne Juste Lipse, Christine a, pour ainsi dire, été nourrie de ses œuvres. La *Politique* de Lipse, qui, à l'école des historiens anciens, essayait d'exposer les maximes de l'art véritable du gouvernement, était l'un des plus répandus parmi les livres lus et utilisés pour l'enseignement.

Il fut présenté à Christine, par son maître Jean Matthiae, en 1641 déjà, c'est-à-dire lorsqu'elle eut quinze ans[1]. L'ouvrage fut réédité la même année par J. Freinsheim, c'est-à-dire par l'érudit qui, à partir de 1642, professera à Upsal et sera en commerce constant avec la reine, après qu'elle en aura fait son bibliothécaire[2]. De même, l'enseignement de J. Matthiae avait aussi fait connaître à Christine la *Rhétorique* de Gerard Voss[3]. Plus tard, elle correspondra avec l'auteur[4]. Tous ces détails, en eux-mêmes, seraient de peu de signification ; mais ils démontrent toujours à nouveau combien étaient étroits, au XVIIe siècle, les liens de fait et les liens personnels entre les esprits qui avaient des affinités. Le trait est caractéristique de cette époque, animée, plus que bien d'autres, d'oppositions passionnées. Dans la vie politique et religieuse règnent partout les tensions les plus vives. L'unité de la religion, depuis la Réforme, est irrévocablement brisée. Le combat ne se livre pas seulement entre catholiques et protestants, mais dans les groupes protestants mêmes les confessions particulières luttent violemment entre elles. Les nations sont déchirées par des guerres civiles et se dressent l'une contre l'autre, en combats interminables. Mais tout semble s'apaiser lorsque nous entrons dans le domaine de la pensée théorique. Sur ce terrain aussi, le XVIIe siècle prétend livrer des combats. Mais ce sont la raison et la connaissance objective qui sont chargées de ces décisions sur les principes derniers. Dans leur domaine et sous leur protection, l'unité perdue doit se rétablir. Au-dessus des déchirements politiques, sociaux, religieux, s'étend la pure atmosphère de la pensée. Les hommes qui ont la volonté et la force de s'élever dans cette sphère sont intérieurement unis entre eux et ressentent que cette union est un bien véritable, impérissable[5]. Ils possèdent en elle l' « humanité » vraie, qui devient le fond de leur attitude morale et spirituelle, qui leur

---

(1) Cf. le récit de J. MATTHIAE concernant l'éducation de Christine, dans ARCKENHOLTZ, IV, 196.

(2) *Justi Lipsi Politicorum libri sex*, ed. I. FREINSHEIM, Argentorati, 1641.

(3) Le récit de MATTHIAE note : « Ger. Io. Vossii Elementa rhetorica oratoriis ejusdem partitionibus accomodata ».

(4) Ger. VOSS avait l'intention de dédier à Christine son ouvrage *De historicis graecis* et ne fut empêché que par la mort de réaliser ce projet : cf. GRAUERT, *op. cit.* (Supplément), Bd. II, 433.

(5) Cf. Ouvrage du Loisir, BILDT, 157 ; voir note page 74.

donnera cette liberté intérieure dans laquelle ils voient le souverain bien. Aussi ces mouvements spirituels ne connaissent-ils point de frontières nationales, sociales, ni confessionnelles[1]. Où qu'ils surgissent, ils seront volontiers acceptés et pourront se développer dans toutes les directions, au prix sans doute de perpétuels combats, mais sans conflits intestins. Telle était l'atmosphère dans laquelle Christine grandit, fut élevée, et grâce à laquelle, princesse protestante, elle put entrer en rapports avec le plus grand penseur catholique de l'époque ; ces rapports ne furent pas seulement le fait d'un moment, ils étaient préparés en elle intérieurement.

Nous pouvons, par suite, désigner le point exact où s'exerça l'influence cartésienne ; nous pouvons comprendre aussi l'importance décisive que cet enseignement devait prendre pour Christine. Elle était, nous l'avons vu, proche, dès sa jeunesse, du stoïcisme et, plus tard, n'a pas non plus laissé ébranler ses fondements. Mais c'était une transformation importante, une modification, jusqu'aux principes, du stoïcisme, que lui offrait la conception de Descartes. La théorie cartésienne des passions, le jugement qu'il porte sur elles s'écartent du stoïcisme classique. Ce que celui-ci réclamait, ce qu'il élevait au niveau d'un idéal, c'était le mépris des passions. L'impassibilité, la véritable « ataraxie » ne peut naître que d'une complète « apathie ». Mais aux yeux de Descartes cette exigence est une chimère — un but fantastique et inaccessible. Car il examine les passions, non seulement à la manière du moraliste, mais surtout avec l'attitude du savant. Elles sont pour lui de simples phénomènes naturels et soumis, comme tels, à la loi de la nécessité mécanique. Elles naissent de l'union de l'âme et du corps ; aussi doivent-elles, — étant donnée l'organisation psychophysique de l'homme —, être considérées comme immuables quant à leur existence de fait. C'est pourquoi Descartes ne parle d'abord nullement comme professeur d'une morale déterminée ; il parle bien plutôt en physicien et en physiologiste. Il recherche les conditions générales et spéciales de la naissance des passions ; il examine leurs fondements corporels et spirituels. Les passions

---

(1) Cf. ici surtout, au sujet de Christine, le récit du P. MANNERSCHIED, de 1653 (dans ARCKENHOLTZ, I, 427): « Elle dit que le monde n'est composé que de deux Nations, l'une celle des honnêtes gens, l'autre celle des méchants ; qu'elle aime la première en détestant l'autre, sans avoir aucun égard aux différents noms, par lesquels on distingue autrement les divers peuples, dont la terre est habitée. »

sont des mouvements déterminés, produits dans le corps, et qui sont conduits par les nerfs à cette partie du cerveau en laquelle l'âme a son siège. Vouloir s'opposer à ces mouvements, ne serait pas plus raisonnable, selon Descartes, que s'opposer à la respiration, au battement du cœur, à la circulation du sang. Nous ne pouvons nous demander ce que devraient être ces mouvements ; nous nous contenterons de savoir ce qu'ils sont nécessairement. Descartes tente de prouver, pour chaque passion, une telle nécessité mécanique rigoureuse. Toute action corporelle ébranle le sang d'une certaine manière et se propage ainsi jusqu'aux « esprits animaux » ; à tout incident de cette espèce, l'âme doit répondre d'une manière qui ne dépend pas d'elle. Les passions sont des phénomènes de la vie, et leur répression équivaudrait à l'extinction même de la vie[1].

A la lumière de ces aspects de la doctrine cartésienne, on voit immédiatement la raison pour laquelle Descartes contredit l'exigence stoïcienne de l'apathie. Selon lui, la morale ne peut nous enseigner comment échapper aux passions ; mais elle peut nous enseigner comment les utiliser, comment les régler, les diriger, pour les mettre au service des buts de la raison morale. Or il n'en peut être ainsi que si la raison tire parti du jeu des passions, si elle dresse contre la passion une autre passion. « Nos passions ne peuvent pas... directement estre excitées ny ostées par l'action de nostre volonté, mais elles peuvent l'estre indirectement par la representation des choses qui ont coustume d'estre jointes avec les passions que nous voulons avoir, et qui sont contraires à celles que nous voulons rejetter. Ainsi, pour exciter en soy la hardiesse et oster la peur, il ne suffit pas d'en avoir la volonté, mais il faut s'appliquer à considerer les raisons, les objets, ou les exemples, qui persuadent que le peril n'est pas grand ; qu'il y a tousjours plus de seureté en la defense qu'en la fuite ; qu'on aura de la gloire et de la joye d'avoir vaincu, au lieu qu'on ne peut attendre que du regret et de la honte d'avoir fuï, et choses semblables. » Ainsi la pensée raisonnable a le pouvoir de transformer les passions, d'adversaires de l'âme en ses armes. Les âmes sont faibles ou fortes, selon qu'elles savent se servir de ces armes. Mais outre ces armes que les passions elles-mêmes nous offrent, il y en a d'autres, propres

---

[1] Cf. plus haut, *Descartes et Corneille*, p. 20.

à l'âme : « les jugemens fermes et determinez touchant la connoissance du bien et du mal », touchant ce qu'il faut rechercher et ce qu'il faut fuir. Celui dont la volonté se détermine par de tels jugements et qui les suit fermement n'échappera pas, sans doute, aux passions ; mais il n'aura plus à les craindre ; il sait qu'elles n'auront plus le pouvoir d'ébranler son entendement et sa volonté[1].

On mesurera facilement l'impression qu'une telle doctrine devait faire sur une nature comme celle de Christine. Elle se voyait libérée d'un conflit, qui semblait insoluble tant qu'elle restait sur le terrain du stoïcisme rigoureux. Christine aspirait à l'idéal du sage stoïcien. Mais cet idéal lui demeurait absolument inaccessible, tant qu'il avait pour condition l' « apathie ». Elle était passionnée, animée de violentes oppositions intérieures, et elle ne pouvait, ni ne voulait renier cette disposition fondamentale. Elle aspirait à la maîtrise sur elle-même, mais elle ne voulait pas réprimer, ni sacrifier ses instincts. Grâce à la conception cartésienne du sens et de la nature des passions, elle se voyait dispensée d'une telle exigence. Descartes enseigne expressément que les passions comme telles ne sont ni bonnes, ni mauvaises, mais que, seul, l'usage qu'on en fait décide de leur valeur. Sont-elles au service d'une intelligence claire et d'une forte volonté ? Non seulement elles sont inoffensives, mais elles deviennent importantes et avantageuses[2]. « Les hommes qu'elles [les passions] peuvent le plus emouvoir, sont capables de gouster le plus de douceur en cette vie. Il est vray qu'ils y peuvent aussi trouver le plus d'amertume, lors qu'ils ne les sçavent pas bien employer, et que la fortune leur est contraire. Mais la Sagesse est principalement utile en ce point, qu'elle enseigne à s'en rendre tellement maistre, et à les mesnager avec tant d'adresse, que les maux qu'elles causent sont fort supportables, et mesme qu'on tire de la Ioye de tous »[3]. Telle également est la conception de Christine, que nous rencontrons partout dans ses Maximes. Nous y trouvons, en particulier, un passage très significatif et marquant qui éclaire sa pensée profonde. Rappelons-nous que l'Enchiridion d'Epictète appartenait, depuis sa prime jeu-

(1) Descartes, Les Passions de l'Ame, art. 45-50 (XI, 362 et suiv.). Cf. surtout Descartes à Chanut, IV, 538.
(2) Les Passions de l'Ame, art. 161 (XI, 454).
(3) Ibid., art. 212 (XI, 488).

nesse, aux livres favoris de Christine. Toute sa vie, elle a conservé, sans changement ni diminution, son admiration pour le caractère d'Epictète. Epictète, qui était né esclave — explique-t-elle — s'est comporté, dans cet état, de telle manière et a conquis une telle gloire que ses chaînes en sont devenues glorieuses, plus que le trône de beaucoup de rois. Suit cette phrase caractéristique : « Toutefois on ne peut pardonner à ce philosophe esclave la patience qu'il eut avec son brutal de maître qui pour se divertir lui rompit une jambe. Pour moi, je lui aurais cassé la tête à la barbe de la philosophie »[1]. Ici se manifeste la révolte ouverte d'un tempérament passionné et violent contre certains enseignements d'école, trop étroits pour lui et dont il cherche à rejeter la contrainte dogmatique. Les passions, déclare Christine, non seulement sont en elles-mêmes naturelles et innocentes ; elles sont le sel de la vie qui, sans elles, serait insipide. La prescription de s'abstenir de toute forte émotion et de s'en délivrer complètement n'est, par suite, pas un idéal vrai, c'est un aveuglement sur soi, une « belle chimère »[2]. Mais Christine avait appris, par Descartes, à connaître une autre forme d'idéalisme moral, qui ne répugnait pas à sa propre nature réaliste. Cet idéalisme lui permettait de rester au sein de la vie et de suivre librement toutes ses tendances, pourvu qu'elle dominât en même temps ces impulsions, par la seule force de la volonté raisonnable et ferme. La devise : « Libero io nacqui e vissi e morro sciolto » était de celles que préférait Christine[3], et elle répondait bien à l'intention de Descartes, qui plaçait au-dessus de tout autre l'idéal de la liberté intérieure, lui conformant sa vie, comme sa philosophie.

Cependant, ici encore, il nous faut, afin de rendre justice à la signification de la morale cartésienne, prendre la doctrine de Des-

---

(1) Sentiments, BILDT, 437.

(2) Ouvrage du Loisir, BILDT, 360-362 : « Les passions sont en elles-mêmes innocentes et naturelles. — Les passions sont le sel de la vie, qui est insipide sans elles. — Cette tranquillité tant vantée des philosophes est un état fade et insipide. » Cf. Sentiments, BILDT, 180-181 : « Les passions sont le sel de la vie ; on n'est pas heureux ni malheureux qu'à proportion qu'on les a violentes. — Les passions ne sont ni injustes ni criminelles, mais les objets qu'on leur donne les rendent ou coupables ou légitimes. » Vraiment cartésienne aussi est l'affirmation : « Les passions triomphent les unes des autres. » (Ouvrage du Loisir, BILDT, 400). — Cf. DESCARTES, Les Passions de l'Ame, art. 45 (XI, 362).

(3) Une médaille avec cette devise, qu'elle fit frapper, est reproduite dans ARCKENHOLTZ, II, 309.

cartes comme expression et symptôme d'un mouvement spirituel universel. Quel tournant représente la philosophie de Descartes dans le développement de l'esprit moderne ? Ce ne serait pas assez d'y voir une transformation de la conception du monde et de la vie, propre au Moyen Age. Elle représente une transformation aussi vis-à-vis de la Renaissance ; mieux, elle marque, à bien des égards, une rupture décisive avec les conceptions et aspirations fondamentales de la Renaissance. On peut s'en rendre compte, du point de vue de la philosophie de la nature, comme de celui de la morale.

En ce qui concerne la première, on devine aussitôt que le mot « nature » a pris chez Descartes un autre son et un autre sens que dans la philosophie de la nature du XVIᵉ siècle. Aucune trace, chez lui, de cette communion enthousiaste en la nature, de cet amour et de cet abandon, caractéristiques de la Renaissance et dont nous trouvons l'expression philosophique dans les dialogues de Giordano Bruno. Il ne se perd pas dans la plénitude de la nature et ne s'enivre pas de son immensité. Car la nature n'est pas pour lui, comme pour Bruno, la source éternelle et intarissable de la vie. La vie a quitté la nature, pour se retirer entièrement en l'homme. Tout être végétal et animal est un automate, sans âme, dont les mouvements obéissent à des lois purement mécaniques. Aussi la nature comme telle ne mérite-t-elle ni amour, ni admiration. Elle n'est que l'étendue, en longueur, largeur et profondeur ; comment admirerait-on ou aimerait-on la simple étendue ? Ce qui est vraiment digne d'admiration, ce n'est pas la nature, objet de la connaissance, mais la connaissance elle-même et sa force propre de comprendre mathématiquement l'univers.

Il en est à peu près de même si on considère la nature morale de l'homme. La Renaissance s'était insurgée contre la discipline imposée par le christianisme médiéval à la nature sensible de l'homme. Elle voulait délivrer les sens de cette discipline, elle voulait laisser s'épancher librement les passions, et elle voyait naître, de l'émancipation des passions, une conception nouvelle de la vie, un nouveau bonheur humain de vivre. En France, cette façon de sentir née de la Renaissance est incarnée par Montaigne parmi les philosophes, par Rabelais parmi les poètes. Tous deux veulent décharger la nature de toutes les accusations que la conception théologique médiévale avait portées contre elle. Leur verdict l'acquitte de tout reproche de péché. Elle n'est plus

la racine de tout mal ; ils la déclarent bien plutôt source originelle de toute beauté et de toute perfection[1]. Ils en déduisent que
l'homme peut et doit s'abandonner, librement et naturellement,
à toutes ses impulsions naturelles. Ce ne sont pas ces impulsions
qu'il doit craindre, ni ses instincts, ni ses passions, mais la corruption
de sa disposition primitive, par artifices et convention. Car artifices et convention portent la responsabilité entière de tous les
défauts du monde humain. Eliminons leur puissance, revenons à la
simplicité et à la « naïveté » de la nature : l'ordre et l'harmonie
véritables seront rétablis. Montaigne honore Socrate, en tant que
maître de cette simplicité et harmonie. Il le loue d'avoir rendu à la
nature humaine le grand service de lui montrer combien elle peut
d'elle-même. Mais, entre sa morale et celle de Socrate, Montaigne établit encore une fois une distinction tranchée. Car il rejette
la contrainte, non seulement du dogme théologique, mais encore
de la raison. Il prône la liberté et l'abandon du « laissez aller » :
« Ie n'ay pas corrigé, comme Socrates, par force de la raison, mes
complexions naturelles, et n'ay aulcunement troublé, par art,
mon inclination : ie me laisse aller, comme ie suis venu ; ie ne combats rien ; mes deux maistresses pièces vivent, de leur grace, en
paix et bon accord : mais le laict de ma nourrice a esté, Dieu merci !
mediocrement sain et temperé »[2]. Ainsi pour Montaigne,
comme pour Rabelais, la devise des moines de Thélème « Fay ce
que vouldras » devient la maxime de la moralité[3]. Descartes
accepte leurs hypothèses. Mais il n'en tire pas la même conclusion. Lui non plus n'exige aucun éloignement du monde des
sens, aucune répression violente de la passion. Il rejette toute
espèce d'ascèse ; il enseigne et recommande une jouissance naturelle de la vie. Mais le souverain bien ne réside pas, pour lui, en
cette jouissance de la vie, il réside en la force de la raison et en son
droit usage. Car c'est en cela seulement que l'homme atteint sa
nature propre et véritable. Descartes est optimiste, toutefois optimiste non quant à la nature, mais quant à la raison. La vraie liberté et
le vrai bonheur pour lui ne sont pas l'émancipation des sens, mais leur
domination par une volonté consciente et responsable. Aussi ré-

---

(1) RABELAIS, *Pantagruel*, L. IV, ch. 32 : « Physis c'est Nature, en sa première portée enfanta Beaulté et Harmonie ».
(2) MONTAIGNE, *Essais*, III, 12 : De la Physionomie.
(3) Cf. RABELAIS, *Gargantua*, chap. 57.

clame-t-il une discipline qui, en elle-même, n'est pas moins sévère
que celle du Moyen Age, quoiqu'elle soit fondée sur des conceptions
théoriques et morales différentes. Cette discipline doit être exercée,
non par la croyance révélée, ni par l'Eglise, mais par l'homme lui-
même. Descartes fait confiance non seulement à la nature rationnelle,
mais aussi à la nature sensible de l'homme ; il n'y voit plus rien
de radicalement mauvais. La vie sensible ne lui apparaît nullement
comme une manifestation méprisable, dont l'homme devrait avoir
honte. Elle est nécessaire, mais le problème moral et la tâche
morale consistent à transformer cette nécessité en liberté. C'est
pourquoi le traité de Descartes se tourne autant contre la conception dogmatique médiévale que contre la conception stoïcienne antique. Pour la première, la passion était un péché, l'expression et la
conséquence de la déchéance de l'homme, depuis son origine divine.
Pour le stoïcisme, les passions sont des maladies ; elles sont une
absence de raison, presque équivalente à la folie. La morale de Descartes rejette l'un et l'autre extrême. Elle envisage les passions, non
comme des buts et des biens indépendants, mais comme des moyens.
En tant que dispositions naturelles et phénomènes naturels, elles
ne lui apparaissent ni comme suspectes ni comme condamnables. En
chacune d'elles, même en celles qui semblent les plus dangereuses,
elle sait discerner quelque bon côté. Dans le *Traité des Passions*,
Descartes poursuit cette apologie pas à pas, avec la perspicacité méthodique qui lui est habituelle. Existe-t-il vraiment une passion, se
demande-t-il, qui puisse être désignée simplement et sans restric-
tion comme « mauvaise » ? Il le nie. « Maintenant que nous les con-
noissons toutes, — telle est la conclusion du *Traité* —, nous avons
beaucoup moins de sujet de les craindre, que nous n'avions auparavant. Car nous voyons qu'elles sont toutes bonnes de leur nature,
et que nous n'avons rien à eviter que leurs mauvais usages ou leurs
exces ; contre lesquels les remedes que j'ay expliquez pourroient
suffire, si chacun avoit assez de soin de les pratiquer »[1]. Armé
de ces moyens, l'homme n'a pas besoin d'éviter les passions, ni
de s'épuiser contre elles en un combat qui, malgré tout, demeure-
rait vain. Il ressent plutôt qu'elles sont le bonheur de sa vie, mais
il doit se rendre digne de ce bonheur en les utilisant d'une bonne
manière. Ainsi est inaugurée une nouvelle acceptation de soi et

---

[1] *Les Passions de l'Ame*, art. 211, 212 (XI, 485, 488).

du monde. Le processus de libération de l'esprit humain, commencé avec la Renaissance, est entré dans une nouvelle et décisive étape. L'idéal héroïque agit encore, de sa pleine force : l'homme a confiance en son être propre et le défendra contre toutes résistances, contre toutes limitations purement extérieures. Mais l'orage des passions est apaisé. Leur fureur est modérée, leur violente explosion est empêchée. De cette impétuosité de la passion qui, au temps de la Renaissance, avait saisi même la philosophie et qui s'était ouvert une voie dans le dialogue de Bruno *Degli eroici furori*, plus de trace. La philosophie est redevenue maîtresse d'elle-même ; elle exhorte au retour à la raison, dont elle devient le principal instrument. Elle ne craint, ni ne divinise les passions ; elle veut les comprendre. La brutale exaltation de la Renaissance rentre dans le monde classique des pures formes, où le moi trouve sa mesure et son calme intérieur. Christine, elle aussi, a été profondément attirée par cet idéal nouveau. Elle ne s'est point, après sa conversion, tournée vers la morale théologique médiévale, et elle a également renoncé à l'idéal stoïcien antique, qui, un temps, lui avait paru théoriquement irréfutable. Elle prend pied sur le terrain de la nouvelle morale cartésienne, où elle croit avoir trouvé le moyen de réconcilier « bonheur des sens » et « paix de l'âme ».

CHAPITRE V

LA REINE CHRISTINE
ET L'IDÉAL HÉROÏQUE DU XVIIᵉ SIÈCLE

Pour comprendre la relation entre Christine et Descartes dans sa signification propre, nous avons été obligé d'élargir la question. Nous avons tenté d'élever le problème du plan particulier au plan général, en essayant de faire ressortir le fond d'histoire spirituelle universelle. Considérée ainsi, la doctrine de Descartes, quelle que soit son originalité et son indépendance, apparaît comme un élément d'un tout plus vaste. Et c'est ce tout qui devait nous fournir l'échelle de comparaison. Mais, dans le tableau de la culture spirituelle du XVIIᵉ siècle, que nous nous proposions d'esquisser en ses grands traits, manque une ligne essentielle. Le dessin demeurera incomplet, tant que nous n'aurons sous notre regard que le monde des idées philosophiques, religieuses, politiques et morales. Il est certain que ce monde d'idées détermine le caractère du XVIIᵉ siècle. Mais le tableau n'acquiert sa détermination concrète propre, sa pleine clarté que, lorsque dépassant les problèmes théorique et pratique, nous envisageons les tendances et l'idéal *artistiques* de l'époque. Quand Voltaire écrit son *Siècle de Louis XIV*, ouvrage qui réalise le premier exemple classique d'une vue d'ensemble de l'histoire de la civilisation, il étudie dans les derniers chapitres l'*art* du XVIIᵉ siècle. Et c'est là, et non dans la philosophie, qu'il voit la plus précieuse contribution de la culture française. « La saine philosophie, écrit-il, ne fit pas en France d'aussi grands progrès qu'en Angleterre... Mais dans l'éloquence, dans la poésie, dans la littérature, dans les livres de morale et d'agrément, les Français furent les législateurs de l'Europe. » Or tout le mouvement artistique se résume finalement, pour lui, en un seul grand nom : « Il y a grande apparence que, sans Pierre Corneille, le génie des prosateurs ne se serait pas développé »[1].

Est-il possible de trouver aussi un lien qui unisse la reine Christine à cet élément essentiel de la culture du XVIIᵉ siècle ? Y a-t-il un rapport d'idées, non seulement entre elle et Descartes, mais encore entre elle et Corneille ? Avant que nous puissions donner une réponse positive à cette question, il nous faut en limiter plus précisément le sens. Il ne peut et ne doit pas s'agir ici de rechercher simplement les influences que l'art tragique de Corneille aurait, peut-être, exercé sur la formation spirituelle et morale de Christine. Car si l'on entendait ainsi le problème, on ne pourrait y répondre que par un *non liquet*. Les sources dont nous disposons ne contiennent, que je sache, aucune donnée précise à ce sujet. Sans doute a-t-on le droit d'admettre que notre ignorance est imputable à une lacune fortuite de la tradition. Car tout ce que nous savons de l'éducation de Christine fait penser qu'elle n'a pu ne pas connaître la poésie de Corneille. Elle lisait et écrivait le français comme sa langue maternelle, elle avait été élevée dans l'admiration de la culture française. De bonne heure, elle avait manifesté le plus vif intérêt pour la poésie, intérêt non limité aux textes antiques. Dans la peinture que fit d'elle, en 1653, le jésuite Mannerschied, on lit qu'elle connaissait tous les poètes antiques, mais que, semblait-il, elle saurait aussi par cœur des poèmes modernes, aussi bien français qu'italiens[2]. Or les grandes tragédies de Corneille : *Horace, Cinna, Polyeucte, Pompée,* sont de la période 1639-41, c'est-à-dire de la jeunesse de Christine, du temps où son esprit précoce commençait à découvrir le monde de l'érudition, de la philosophie et de la poésie — celui où une impétueuse avidité la poussait à absorber tout ce qui s'offrait à elle. Que, dans ces circonstances, elle ait pu ignorer le plus grand poète tragique du temps n'est pas admissible. Cependant nous ne voulons pas décider de cette question qui doit rester

---

(1) VOLTAIRE, *Siècle de Louis XIV*, chap. XXXII.
(2) « Poetas omnes veteres legit et callet ; novos sive Italicos sive Gallicos videtur posse de memoria ». MANNERSCHIED, dans ARCKENHOLTZ, t. II, Appendice, Nᵒ XLVIII p. 96.

réservée aux historiens de la littérature. Le problème que nous examinons ne touche pas à la causalité historique, mais concerne pour ainsi dire la *substance* historique ; il concerne la *structure* spirituelle en général du XVIIᵉ siècle. Et, à cet égard, il ne semble pas fortuit que Christine ait donné le titre *Les sentiments héroïques*(1) aux réflexions notées à la fin de sa vie. Elle y expose un idéal héroïque déterminé, lié de très près à l'idéal de la tragédie classique. Jusque dans le détail, jusque dans les habitudes particulières de langue et de style, on discerne cette affinité d'âme et d'esprit. Les mots *vertu, gloire, honneur, devoir, grandeur, mérite* reviennent perpétuellement : ce sont les impératifs auxquels elle essaie de soumettre sa vie et sa conduite.

Rien ne nous autorise, il me semble, à admettre que le pathétique extrême, généralement inclus par Christine dans ces mots, soit purement oratoire. Elle aime personnellement les grands gestes — et en cela, non plus, elle ne peut renier l'époque à laquelle elle appartient, celle du « baroque ». Pour elle, pas plus que pour Corneille, la sublimité de l'expression ne se distingue du pompeux et du fastueux. Beaucoup de ce qu'elle dit et fait prend ainsi une touche certaine de théâtral(2). Mais par orgueil déjà, elle n'aurait pas voulu affecter une attitude qui l'eût fait paraître au dehors ce qu'elle n'était pas. Dès lors le rapprochement auquel nous sommes conduit ici ne fait que confirmer à nouveau [ceci : Christine appartient à la « réalité » dont le drame classique français rend une image idéale. Beaucoup d'aspects de ce drame nous paraissent, aujourd'hui, vides et conventionnels, lorsque nous leur appliquons nos mesures. Mais Corneille lui-même, à sa façon, remplit la condition qu'Hamlet posait à l'art dramatique. Lui aussi voit le rôle du théâtre en ce qu'il tient, pour ainsi dire, le miroir à la nature : « *to show virtue her own feature, scorn her own image, and the very age and body of the time his form and pressure* ».

---

(1) Cf. BILDT, édition des *Pensees*, Préface, p. 8.
(2) Le théâtre a toujours été l'une des fortes passions de la vie de Christine, et, à sa cour, à Rome, elle faisait organiser régulièrement des représentations. Dans ses « Maximes », également, elle a défendu la valeur morale du théâtre (cf. Ouvrage du Loisir, BILDT, 564 : « Peu de plaisirs sont plus utiles qu'une bonne comédie » ; *Ibid.*, 566 : « Les spectacles sont nécessaires et utiles dans les Cours »). Un intéressant récit de Mˡˡᵉ de Motteville, qui peint son attitude pendant des représentations théâtrales, montre combien vivement elle était frappée et emportée par ce qui se passait sur la scène (dans ARCKENHOLTZ, I, 545).

Sans doute, sa tragédie croyait être plus que la représentation des mœurs et des situations d'un temps. Elle voulait nous présenter ce qui est valable et humain, dans son caractère universel. Cette illusion a été détruite par la critique ultérieure, en particulier par celle de Lessing. Lessing a découvert l'artifice de la tragédie française et l'a opposée à l'art véritablement grand, l'art de Shakespeare. « Si la pompe et les cérémonies — écrit-il dans la *Dramaturgie de Hambourg* — font de l'homme une machine, la tâche du poète est de faire, à nouveau, de ces machines des hommes. » Mais, si nous voulons rendre justice à Corneille et à l'époque qui admirait en lui le plus grand poète tragique, nous ne pouvons oublier que leur intention, également, visait la « vérité de nature », quoique les peintures n'aient pas voulu figurer une nature moyenne, mais une nature transfigurée par l'héroïsme. En ce sens, Corneille, qui aujourd'hui nous paraît le modèle du poète réfléchi et « sentimental », se croyait un poète « naïf », — et, dans ses œuvres théoriques consacrées au drame, il a posé l'exigence expresse d'une telle « naïveté » dans la peinture des mœurs[1]. Actuellement, sans doute, nous voyons que, là où Corneille pensait dessiner la nature et pour ainsi dire l'essence de l'homme, libre de toutes impuretés et de tous accidents, il atteignait seulement un type déterminé d'homme, une certaine culture, une classe particulière de la société, avec ses façons propres de penser, de sentir, de s'exprimer, mieux, avec toutes ses « idiosyncrasies », les singularités du costume, de la langue, du comportement extérieur. Mais ce que le drame de Corneille a perdu par là en universalité, il l'a d'autre part gagné, pour nous, en signification historique. Nous ne pouvons lui demander un canon ni des mœurs, ni de la poésie ; mais, par contre, il devient pour nous l'incomparable, l'impérissable témoin de son époque et des personnalités qui donnèrent à cette époque ses caractéristiques.

C'est sous cet angle que nous considérerons le drame de Corneille, qui nous servira, pour ainsi dire, d'instrument de connaissance historique. Nous l'utiliserons pour donner du relief à cer-

---

[1] « L'utilité du poème dramatique », dit-il dans le *Discours de l'utilité et des parties du poème dramatique*, « se rencontre en la naïve peinture des vices et des vertus, qui ne manque jamais à faire son effet, quand elle est bien achevée et que les traits en sont si reconnaissables, qu'on ne les peut confondre l'un dans l'autre et prendre le vice pour vertu ». *Œuvres*, I, 20.

tains traits du caractère de Christine qui, au premier abord, sembleraient étranges et incompréhensibles. Si nous partions de nos mesures actuelles, beaucoup, sinon la plupart des manières de penser et d'agir de Christine paraîtraient singulières, contradictoires, bizarres et excentriques. Même la recherche historique récente en a souvent jugé ainsi. Bildt, qui a trouvé de nouvelles sources pour l'histoire de sa vie, qui a édité ses lettres au cardinal Azzolino et ses *Pensées*, la qualifie d' « égoïste névropathe ». Il explique les contrastes de sa nature par une disposition névrotique qui, grâce à une éducation erronée, aurait été encore accentuée. Une telle conception peut être propre à résoudre bien des énigmes que propose la conduite de Christine, mais elle en ajoute d'autres. Car la versatilité et la faiblesse sont des traits qui ne s'accordent nullement avec le portrait de Christine. Dans la courte durée de son règne, elle a donné des preuves non seulement de dons intellectuels exceptionnels, mais aussi d'une volonté forte et consciente, qui s'attachait fermement au but une fois perçu et le poursuivait sans s'en laisser détourner. Les ambassadeurs étrangers à la cour de Stockholm s'étonnaient de l'énergie avec laquelle la reine prenait en main les affaires de gouvernement, et de l'indépendance avec laquelle elle les conduisait[1]. Le principal but qu'elle se soit posé semble avoir été d'obtenir la paix, et c'est grâce à elle surtout, qu'en dépit de toutes les résistances de son entourage immédiat, la paix finalement fut réalisée. Pour assurer la succession à Charles Gustave, elle a également agi avec une circonspection et une intelligence extrêmes. Si impénétrable qu'ait souvent été son attitude, on n'y découvre cependant ni versatilité, ni caprice. Chacune de ses démarches a son origine dans un plan soigneusement prémédité, puis exécuté avec ténacité[2]. Christine est certainement une nature inégale, secouée de violentes contradictions internes, mais ni son esprit ne manque de suite, ni sa volonté de cohérence. Cependant, pour nous en rendre compte, nous ne devons pas venir à elle avec nos mesures modernes. Elle apparaît dans une lumière différente et plus claire lorsque nous

---

[1] Cf. surtout le « Portrait » de Chanut, de 1648 : « Il est incroyable comment elle est puissante dans son Conseil ; car elle ajoute à la qualité de reine de grâce, le crédit, les bienfaits et la force de persuader ». MARTIN WEIBULL, Om Mémoires de Chanut, *Hist. Tidskrift*, VII, 1887, p. 72.

[2] Je renvoie, à ce sujet, à l'exposé détaillé et au jugement de C. WEIBULL, *l. c.*, p. 29.

déplaçons la source lumineuse. Les réflexions qui vont suivre ten-
teront d'utiliser le drame de Corneille comme source lumineuse.
On ne veut pas le moins du monde dire par là que Christine lui
aurait emprunté les préceptes et les impératifs de sa conduite, qu'elle
se serait consciemment « modelée » d'après lui. On prétend seulement appliquer à ses actions les mesures « immanentes », valables
pour son époque. L'homme du XVIIᵉ siècle, que peint le drame de
Corneille, écrit G. Lanson, est « incapable de rêverie, dépourvu
de sensibilité, ses passions sont de violentes impulsions vers des
objets déterminés ; il ne jouit pas de leur agitation ; il n'en fait
pas une volupté ; elles lui donnent des fins et des forces pour
l'action... Il n'admire rien tant que la raison, qui tient en bride
les passions, les lâche ou les retient, et qui sait profiter ou se garer
des circonstances : la parfaite maîtrise de soi est l'idéal qu'il s'efforce
de réaliser dans sa vie. Tous les grands hommes de l'époque, ou
presque tous, sont des hommes de volonté : un Richelieu qui,
à l'âge où l'on ne rêve que bagatelles ou plaisirs, se fixe pour but
le ministère, et y marche obstinément pendant douze ou quinze
ans ; un Retz qui suit le même but plus tard, mais le manque,
politique que jamais une passion n'a dérangé ni précipité, capable
d'exprimer avec vérité et de quitter avec facilité tous les sentiments
selon le besoin des affaires, disposant de son âme avec une étonnante aisance dans toutes les fortunes »[1]. Christine est du
nombre de ces personnages. Pour elle aussi, la politique est
l'élément véritable, au sein duquel elle vit et se meut. Elle aussi,
par nature, est absolument virile. Sa vie durant, elle a souffert
du conflit ressenti entre sa disposition réelle, originelle, et le sort
qui la fit naître femme. Mais elle se consolait en pensant que,
pour les vraies particularités spirituelles qui constituent la
personnalité, il n'y a point de différences de sexe : « L'âme n'a
point de sexe »[2]. Aussi, n'a-t-elle jamais douté de ses dons ni
de sa mission politiques ; car elle se reconnaissait un esprit absolument viril[3]. Elle a pu renoncer au trône, mais point à la

(1) G. Lanson, *Corneille*, p. 174. Cf. *Hommes et livres*, p. 131 et suiv.
(2) Ouvrage du Loisir, Bildt, 636.
(3) « Vous m'avez fait la grâce, Seigneur, de n'avoir fait passer aucune foi-
blesse de mon Sexe jusque dans mon âme, que vous avez rendue par votre grâce
toute virile, aussi bien que le reste de mon corps ». *Vie de Christine*, Arckenholtz, III, 23.

politique. Elle a vécu au sein d'intérêts et de complications diplomatiques, dominée, jusqu'à la fin de sa vie, par l'art de l'intrigue. Cependant, au-dessus du bonheur de commander et de régner, elle plaçait encore sa propre indépendance. « Ne devoir obéir à personne, disait-elle, est un plus grand bonheur que de commander à toute la terre »[1]. Ce sentiment l'a toujours éloignée de penser au mariage. Dans le récit de sa vie, elle raconte qu'elle se serait mariée, sans aucun doute, si elle avait ressenti en elle-même la moindre faiblesse[2]. Elle ne s'est jamais représenté le mariage que comme une contrainte accablante, à laquelle elle ne voulait pas s'accommoder[3].

Au total, Christine, si étrange que cette conduite puisse souvent nous paraître, se tient ferme sur le sol de la réalité que Corneille a décrite dans son drame et poétiquement transfigurée. Corneille n'est pas un poète de l'amour, il veut être un poète de la grande politique. Il n'a jamais peint, ni glorifié l'amour pour lui-même. Sans doute, n'aurait-il pas été un grand artiste, et particulièrement un grand dramaturge, s'il n'avait connu sa puissance. Mais à cette puissance, il ne se plie pas. Il connaît la profondeur et la force de la « sympathie » qui rapproche des amants ; lui, le grand analyste et le rationaliste, est obligé d'avouer que dans cette sympathie quelque chose échappe au calcul et ne saurait être sondé, un « je

---

(1) Ouvrage du Loisir, BILDT, 469.

(2) *Vie de Christine faite par elle-même*, ARCKENHOLTZ, III, 57.

(3) Dans une déclaration faite lors de l'élection polonaise (1668), Christine a dit que l'élection était inacceptable si elle était liée à la condition du mariage. « Ma nature est si mortellement ennemie de ce joug insupportable que je ne pourrois m'en accommoder, même si, par là, je pouvois gagner la souveraineté sur le monde entier. » (ARCKENHOLTZ, III, 361). Que Christine, en cela aussi, ait incarné un type de femme, un idéal de femme, familier au XVIIe siècle et que la littérature a soutenu, voire loué, on le voit si on jette un coup d œ sur la littérature romanesque du temps. Dans le dixième volume de son roman *Le grand Cyrus*, Mlle de Scudéry s'est peinte sous les traits de la poétesse Sappho. (Détails, dans Victor COUSIN, *La société française au dix-septième siècle d'après le Grand Cyrus de Mlle de Scudéry*, Paris, 1858). Or, on lit dans cet ouvrage un entretien sur le mariage de Sappho, avec l'un de ses admirateurs et adorateurs : « Il faut sans doute, lui dit-il, que vous ne regardiez pas le mariage comme un bien. — Il est vrai, répondit Sapho, que je le regarde comme un long esclavage. — Vous regardez donc tous les hommes comme des tyrans ? — Je les regarde du moins comme le pouvant devenir... Dès que je les regarde comme maris, je les regarde comme des maîtres, et comme des maîtres si propres à devenir tyrans, qu'il n'est pas possible que je ne les haïsse dans cet instant-là et que je ne rende grâce aux dieux de m'avoir donné une inclination fort opposée au mariage ».

ne sais quoi »[1]. Mais il exige que le vrai héros, chez qui la raison doit dominer la passion, ne laisse pas conduire ses actions par ce sentiment irrationnel. C'est pourquoi l'amour, dans le drame de Corneille, n'est jamais le vrai thème poétique ; il n'est qu'un motif indispensable à l'intérêt dramatique, l'un des ressorts qui maintiennent le cours de l'action et poussent au conflit tragique. Parmi les critiques et les commentateurs de Corneille, s'en trouve un, il est vrai, pour contredire cette interprétation. C'est Voltaire, qui a prétendu voir, non en Racine, mais en Corneille, le poète véritable de l'amour[2]. Toutefois cette appréciation est réfutée, non seulement par l'impression immédiate que produit le drame de Corneille, mais aussi par les explications du poète lui-même. « La dignité de la tragédie, écrit-il, demande quelque grand intérêt d'Etat, ou quelque passion plus noble et plus mâle que l'amour, telles que sont l'ambition ou la vengeance... Il est à propos d'y mêler l'amour, parce qu'il a toujours beaucoup d'agrément, et peut servir de fondement à ces intérêts, et à ces autres passions dont je parle ; mais il faut qu'il se contente du second rang dans le poème, et leur laisse le premier »[3]. Ce jugement poétique de Corneille découle au fond de sa morale, avec laquelle il est en plein accord. La poésie ne peut accorder d'autre et de plus haute valeur à l'amour, parce que, dans la vie non plus, l'amour ne peut prétendre à plus d'importance — du moins, dans les milieux qui seuls constituent un digne objet de la tragédie. Dans le monde des grands intérêts politiques, ce sont d'autres et de plus puissantes forces qui dominent l'action, qui doivent émouvoir et ravir l'auditeur[4]. Comme enjolivement

---

(1) *Rodogune*, I, 5 :

> *Il est des nœuds secrets, il est des sympathies,*
> *Dont par le doux rapport les âmes assorties*
> *S'attachent l'une à l'autre et se laissent piquer*
> *Par ces je ne sais quoi qu'on ne peut expliquer.*

Médée, II, 5 :

> *Souvent je ne sais quoi qu'on ne peut exprimer*
> *Nous surprend, nous emporte, et nous force d'aimer.*

(2) Cf. VOLTAIRE, *Commentaires sur Corneille*. Remarques sur *Rodogune*, acte I, sc. V. (*Œuvres* de Voltaire, édit. BEUCHOT, t. XXXV, p. 521, Paris, 1829.)
(3) CORNEILLE, *Discours du poème dramatique*, *Œuvres*, I, 24.
(4) Cf. par exemple l'entretien de Laelius et de Massinissa (*Sophonisbe*, IV, 3) :

> *Vous parlez tant d'amour, qu'il faut que je confesse*
> *Que j'ai honte pour vous de vous voir tant de foiblesse.*
> *...Mais quand à cette ardeur un monarque défère,*

et ornement — comme « agrément », dit Corneille —, l'amour peut servir dans le drame, sans jamais pouvoir être son sujet essentiel. Dès que l'amour entre en conflit avec ce qu'ordonne le salut public ou l'honneur, les héros et les héroïnes de Corneille ne sauraient hésiter. Lorsque Rodrigue, dans *Le Cid*, se lamente de perdre celle qu'il aime, son père, don Diègue, lui répond :

> *D'un cœur magnanime éloigne ces foiblesses,*
> *Nous n'avons qu'un bonheur, il est tant de maîtresses.*
> *L'amour n'est qu'un plaisir, l'honneur est un devoir* (1).

Il existe, à ma connaissance, dans tout le drame de Corneille, une seule figure qui s'oppose à cette règle, qui s'abandonne entièrement et exclusivement à son amour, qui se révolte contre la conception rigide de l'honneur. Camille, dans *Horace*, déclare renoncer à la vertu romaine, si celle-ci exige d'elle l'impossible et l'inhumain(2). Mais

> *Il s'en fait un plaisir et non pas une affaire ;*
> *Il repousse l'amour comme un lâche attentat,*
> *Dès qu'il veut prévaloir sur la raison d'Etat ;*
> *Et son cœur, au-dessus de ces basses amorces,*
> *Laisse à cette raison toujours toutes ses forces.*

(1) *Le Cid*, III, 6.
De même, le vieil Horace dit à Camille, se lamentant sur la mort de son fiancé :

> *Ma fille, il n'est plus temps de répandre des pleurs ;*
> *Il sied mal d'en verser où l'on voit tant d'honneurs ;*
> *On pleure injustement des pertes domestiques,*
> *Quand on en voit sortir des victoires publiques.*
> *Rome triomphe d'Albe, et c'est assez pour nous ;*
> *Tous nos maux à ce prix doivent nous être doux.*
> *En la mort d'un amant vous ne perdez qu'un homme*
> *Dont la perte est aisée à réparer dans Rome.*
>
> (*Horace*, IV, 3.)

L'opinion exprimée dans ces vers pénètre tout le drame de Corneille. Elle constitue un thème habituel, accompagnant la création de Corneille de son début jusqu'à la fin. Que l'on rapproche, des passages du *Cid* et de *Sophonisbe*, cités dans notre texte, ceux de : *Médée* I, 1 (vers 29) ; *Othon* I, 2 (v. 189) ; *Agésilas* III, 4 (v. 1253) ; *Tite et Bérénice* V, 1 (v. 1435) ; *Pulchérie* IV, I (v. 1330) ; *Suréna* III, 3 (v. 1025).

(2) *Horace*, IV, 4.

> *Leur brutale vertu veut qu'on s'estime heureux,*
> *Et si l'on n'est barbare, on n'est point généreux.*
> *Dégénérons, mon cœur, d'un si vertueux père ;*
> *Soyons indigne sœur d'un si généreux frère :*
> *C'est gloire de passer pour un cœur abattu,*
> *Quand la brutalité fait la haute vertu.*

le poète tragique la condamne; elle doit expier ce sentiment par sa mort, et le poème glorifie non Camille, mais son frère Horace qui a été l'exécuteur du jugement contre elle.

L'amour doit s'effacer non seulement devant un grand intérêt politique, mais devant ce qu'exige le rang. Lorsque les princesses de Corneille refusent un mariage inférieur à leur rang, elles ne croient pas se conformer à une convention, mais sont convaincues d'avoir agi d'après leur devoir et obéi à une prescription objective de la morale. Manquer à cette prescription serait légèreté et faute. La mésalliance est rejetée, non pour des raisons sociales, mais pour des raisons morales ; une femme de sang royal se *doit* un roi pour époux. Devant ces exigences de la volonté, il faut que tout ce qui vient des sens ou de la sensibilité se taise[1]. « Il n'y a point d'homme, dit Corneille[2], au sortir de la représentation du *Cid*, qui voulût avoir tué, comme lui, le père de sa maîtresse, pour en recevoir de pareilles douceurs, ni de fille qui souhaitât que son amant eût tué son père, pour avoir la joie de l'aimer en poursuivant sa mort. Les tendresses de l'amour content sont d'une autre nature, et c'est ce qui m'oblige à les éviter. »

Dans le drame *Pulchérie*, l'héroïne aime Léon et souhaite l'épouser. Mais elle renonce à ce désir, aussitôt que le Sénat l'a choisie pour impératrice. Désormais, elle ne peut plus être la femme qui aime, elle ne peut et ne veut plus être que la souveraine ; car, à dater de ce moment, elle est soumise à une autre loi inflexible : celle de la Gloire. Ce que Pulchérie a promis, l'impératrice ne peut le tenir. Ce que la première a désiré doit céder devant un but plus

---

(1) Cf. l'infante, dans *Le Cid*, I, 2 :

> ...J'épandrai mon sang
> *Avant que je m'abaisse à démentir mon rang.*
> ...Et je me dis toujours qu'étant fille de roi,
> *Tout autre qu'un monarque est indigne de moi.*

Rodogune, IV, 1 :

> *Prince, en votre faveur je ne puis davantage :*
> *L'orgueil de ma naissance enfle encore mon courage,*
> *Et quelque grand pouvoir que l'amour ait sur moi,*
> *Je n'oublierai jamais que je me dois un roi.*

(2) *Attila* (1667), Préface, *Œuvres*, VII, p. 106.

haut[1]. Car les missions de la souveraine et de l'amante ne se concilient pas. L'une exige une pleine indépendance intérieure et extérieure, l'autre réclame la soumission. Et Pulchérie n'accomplit pas, pour elle seule, ce renoncement ; elle veut que Léon le reconnaisse et donne son amour à une autre. Lorsqu'il éclate en lamentations passionnées, lorsqu'il l'assaille de tendresse, elle repousse sévèrement cette insistance :

> Ne vous abaissez pas à la honte des larmes :
> Contre un devoir si fort ce sont de foibles armes ;
> Et si de tels secours vous couronnoient ailleurs,
> J'aurois pitié d'un sceptre acheté par des pleurs [2].

Il est curieux de constater à quel point cette scène rappelle un événement de la vie de Christine, dont le rôle fut d'importance. Elle avait rompu ses fiançailles précoces avec Charles Gustave et, dans un entretien avec lui, avait essayé de lui expliquer cette décision ; elle affirma qu'elle ne pourrait jamais devenir sa femme. Comme Charles Gustave protestait inlassablement de son amour et déclarait qu'il quitterait la Suède pour toujours s'il n'atteignait pas le but le plus haut qu'il s'était proposé, son mariage avec elle, elle se détourna de lui indignée, déclarant que ce n'étaient que fanfaronnades et phrases romanesques ; qu'il n'était pas un simple particulier, destiné par Dieu seulement à rester chez lui pour garder les biens paternels ; que Dieu l'avait choisi pour un plus

(1) *Pulchérie*, III, 1 :

Martian :
> *Mais vous avez promis, et la foi qui vous lie...*

Pulchérie :
> *Je suis impératrice, et j'étois Pulchérie.*
> *De ce trône, ennemi de mes plus doux souhaits,*
> *Je regarde l'Amour comme un de mes sujets :*
> *Je veux que le respect qu'il doit à ma couronne*
> *Repousse l'attentat qu'il fait sur ma personne.*
> *Je veux qu'il m'obéisse, au lieu de me trahir ;*
> *Je veux qu'il donne à tous l'exemple d'obéir ;*
> *Et jalouse déjà de mon pouvoir suprême,*
> *Pour l'affermir sur tous, je le prends sur moi-même.*

(2) *Pulchérie*, III, 3.

haut destin et qu'il ne devait pas s'opposer à cette volonté[1]. La conversation entre Christine et Charles Gustave a eu lieu en 1648 ; le drame de Corneille *Pulchérie* a été écrit un quart de siècle plus tard, en 1673. Il est donc évidemment impossible d'admettre ici une suggestion réelle, si indirecte fût-elle. Mais moins elle est concevable, plus la coïncidence des deux scènes gagne en valeur symbolique. Car, ainsi que nous l'avons déjà dit, il s'agit d'indiquer une relation non de fait, mais d'idées, d'établir non des influences historiques, mais le caractère de ce que nous pouvons appeler la « substance historique de l'époque ». Dans l'entretien que Christine a effectivement eu avec Charles Gustave règne la même atmosphère spirituelle et morale que dans l'entretien poétique créé par Corneille. Ce qui s'impose à nous dans les deux cas, c'est une manière de penser déterminée, que Christine n'emprunte pas davantage à Corneille que celui-ci ne l'a copiée sur quelque modèle réel ; il n'en était pas besoin, car en cette manière de penser s'exprimait un seul et même idéal de conduite, l'idéal « héroïque » du XVIIe siècle.

Nous ne sommes pas nécessairement réduits à ce seul indice ; nous pouvons en ajouter d'autres analogues, non moins significatifs. Ce qui distingue les héros et les héroïnes de Corneille, c'est la prédominance de la réflexion sur leurs passions. Tous possèdent et exercent l'art que Descartes, dans *Les Passions de l'Ame*, a le plus loué, l'art de dresser contre les passions les « armes propres de l'âme ». Et ces armes, ici encore, sont les « idées claires et distinctes » ainsi que les jugements qui en découlent. De tels jugements sont inébranlables. Il n'est pas nécessaire que la décision prise alors soit jamais remise en question. Descartes explique qu'il y a une « grande difference entre les resolutions qui procedent de quelque fausse opinion, et celles qui ne sont appuîées

---

(1) Cf. l'entretien entre Léon et Pulchérie *(Pulchérie, V, 6)* :

L : *Mais ne vous aimer plus ! Vous voler tous mes vœux !*
P : *Aimez-moi, j'y consens ; je dis plus, je le veux,*
Mais comme impératrice, et non plus comme amante :
Que la passion cesse, et que le zèle augmente.
....
Et laissez-vous conduire à qui sait mieux que vous
Les chemins de vous faire un sort illustre et doux.

Sur le contenu de l'entretien entre Christine et Charles Gustave, cf. C. WEIBULL, *Drottning Christina*, p. 14 et suiv.

que sur la connoissance de la verité:...si l'on suit ces dernieres, on est asseuré de n'en avoir jamais de regret, ni de repentir ; au lieu qu'on en a tousjours d'avoir suivi les premieres, lors qu'on en decouvre l'erreur »[1]. Ainsi font les héros de Corneille. Ils ne cèdent jamais à la pure impulsion, au fugitif transport. Après une mûre méditation qui a examiné la question en tous sens, ils prennent leur décision et s'y tiennent, quelles que puissent être les suites. Ils ne reculent pas devant les pires conséquences, ils assurent toujours à nouveau, en présence de ce qui les menace, qu'ils n'ont rien à retirer de leur premier jugement. Cette attitude est si familière au drame de Corneille qu'elle reste semblable à elle-même jusque dans l'expression. Le mot « *je le ferois encore, si j'avois à le faire* » se rencontre à la fois dans *Le Cid* et dans *Polyeucte*[2]. Pour Christine aussi, l' « indomptable ténacité » qui ne recule devant rien est un idéal inconditionné, elle ne supporte, après que la décision a été prise, aucun retrait. Le repentir ne lui apparaît, en tout cas, que comme un signe de faiblesse : « Les scrupules sont des faiblesses de l'âme dont il se faut guérir »[3].

Mais Christine ne s'est pas contentée de paroles ; dans les crises les plus graves de sa vie, elle agit selon cette maxime. Dans toute sa vie, il n'y a peut-être pas d'action plus incompréhensible que sa conduite envers Monaldesco. Ses contemporains et la postérité l'ont jugée de la même manière : ils ont trouvé cette conduite barbare et cruelle. Elle était à la fois accusatrice et juge, et elle exécuta le jugement aussitôt qu'elle l'eut prononcé. Ni supplication de grâce, ni prière de la part du prêtre ne purent l'ébranler ; même la considération qu'elle se trouve en pays étranger, dans un château où la reçoit le roi de France, ne l'émeut point. Quand le prêtre qui a préparé Monaldesco à la mort lui rend visite encore une fois pour la solliciter en faveur du condamné, il trouve — ainsi qu'il l'a raconté — la reine très tranquille, comme s'il ne s'était rien passé. Elle l'écoute avec beaucoup de patience, mais elle rejette toutes ses prières. Elle lui oppose un non décidé, puis fait

---

(1) Descartes, *Les Passions de l'Ame*, art. 49, XI, 368 (cf. plus haut, p. 93 sq.) ; cf. surtout la lettre de Descartes à la princesse Elisabeth, du 6 octobre 1645 (IV, 307)

(2) *Le Cid*, III, 4 ; *Polyeucte*, V, 3.

(3) Sentiments, Bildt, 269 ; cf. Ouvrage du Loisir, Bildt, 148 : « Quand une bonne action rendrait malheureux pour le reste de la vie, on ne doit ni s'en abstenir, ni s'en repentir jamais ».

exécuter le jugement. Et alors même que se manifestent les suites de cette action, lorsque Mazarin, par l'intermédiaire de Chanut, les lui fait envisager avec insistance, elle ne recule point d'un pas. « Je vous prie d'assurer M. le Cardinal — écrit-elle à Chanut — que je suis capable de tout faire pour lui et pour le roi son maître, hormis de craindre et de repentir. » Dans la lettre à Mazarin lui-même, elle s'exprime plus fortement encore : « Pour l'action que j'ai fait avec Monaldeschi — écrit-elle — je vous dis que si je ne l'avois fait que je ne me coucherois pas ce soir sans la faire, et je n'ai nulle raison de m'en repentir, mais que j'en ai plus de cent milles d'en estre ravie »[1]. On comprendra cette assurance, si on se représente qu'elle défendait non seulement sa puissance et sa dignité royales, mais sa conviction de ce qu'elle estimait être juste et injuste. Que même après son abdication, elle conservât un droit de souveraineté absolu sur tous ceux qui appartenaient à sa cour, elle n'en a pas douté un instant ; dans l'acte d'abdication, elle s'était expressément réservé ce droit[2]. Tout aussi inébranlable lui apparaissait le principe que le souverain absolu n'est responsable devant personne ni sur terre, sinon devant soi et devant Dieu[3]. Sur ce point, il n'y avait, en ce qui la concernait, pas plus d'hési-tation possible que n'en éprouvent Corneille et ses héros. Pour Corneille, aussi, il est sûr que le monarque absolu, certes, peut se tromper, mais que sa décision, en tout cas, est inattaquable[4]. Tous deux, enfin, s'accordent en ce qu'ils exigent que le pouvoir absolu conféré au monarque s'exerce non seulement à l'extérieur, mais intérieurement. Son droit à la souveraineté sur d'autres doit

---

(1) Cf. toutes les pièces concernant la mort de Monaldesco, qui ont été pu-bliées par Curt Weibull, *Monaldescos Dôd, Aktstycken och Berättelser (Göteborgs Högskolas Arskrift*, XLIII, 1937, 4).

(2) Sur ce point, cf. C. Weibull, *Drottning Christina och Monaldesco*, Stock-holm, 1936, p. 89 et suiv.

(3) « Non vi affaticate di giustificare il mie azioni appresso nessuno » — écrit Christine, le 17 novembre 1657 de Fontainebleau, à Santinelli. « Io non pre-tendo darne conto ad altro che a Dio solo, il quale mi avrebbe punito lui, s'io avessi perdonato il traditore il suo enorme dilitto » (dans Weibull, *Monaldescos dôd*, p. 10. Cf. le rapport du père Le Bel, *Ibid.*, p. 21).

(4) *Le Cid*, I, 3 :

> Mais on doit ce respect au pouvoir absolu,
> De n'examiner rien quand un roi l'a voulu.

être gagné par une stricte domination de soi[1]. Lorsque ces deux
conditions sont remplies, alors la royauté peut être affirmée
non seulement comme idéal politique, mais encore comme
idéal moral : mieux, sous cette forme, elle peut servir de modèle
et de repère à la conduite morale en général[2]. A cette maxime,
Christine, même par son attitude envers Monaldesco, n'a pas
été infidèle. Car si sévèrement qu'on veuille la juger et si résolument qu'on condamne sa décision, son geste cependant n'était
pas dicté par une passion aveugle. Elle n'a point agi dans un subit
transport de colère. Elle a examiné et jugé, objectivement et tranquillement. Elle a écouté la défense de Monaldesco, elle l'a obligé
à avouer sa faute ; elle l'avait, pour ainsi dire, amené d'avance
à prononcer lui-même son verdict[3]. Devait–elle, parce que
femme, juger d'autre façon, plus indulgente ? Elle ne le vou-
lut pas concéder. Elle aurait vu, dans une telle concession, une
preuve de faiblesse. On a fait remarquer avec raison que
l'expression « *vertu* », telle qu'en use la tragédie française classique,
a un sens autre et bien plus expressif que celui que nous avons
aujourd'hui l'habitude de lui associer. Elle est beaucoup plus près
du latin « *virtus* », de l'italien « *virtù* », qui déjà, d'après leur sens
étymologique, indiquent un certain idéal de « virilité ». Cette
manière virile de sentir, avec les devoirs qui en résultent, domine
et pénètre le drame de Corneille. Les figures de femmes, même,
ne se distinguent pas seulement par leur force de volonté, elles
agissent parfois dans une espèce d'ivresse de volonté. Elles se pro-

---

(1) *Agésilas*, V, 6.

> *Mais enfin il est beau de triompher de soi,...*
> *Quand on peut hautement donner à tous la loi...*
> *Un roi né pour l'éclat des grandes actions*
> > *Dompte jusqu'à ses passions,*
> *Et ne se croit point roi, s'il ne fait sur lui-même*
> *Le plus illustre essai de son pouvoir suprême.*

(2) Ce principe fondamental du drame de Corneille se trouve, autant que je
sache, le plus fortement exprimé, dans les paroles du vieil Horace *(Horace*, V, 3) :

> *C'est aux rois, c'est aux grands, c'est aux esprits bien faits,*
> *A voir la vertu pleine en ses moindres effets ;*
> *C'est d'eux seuls qu'on reçoit la véritable gloire ;*
> *Eux seuls des vrais héros assurent la mémoire.*

(3) Voir la relation de Christine elle-même sur la mort de Monaldesco, dans
WEIBULL, *Monaldescos död*, p. 10.

posent, comme Cléopâtre dans *Rodogune* ou Marulle dans *Théo-dore*, l'apparemment impossible, afin de se prouver qu'il n'y a, pour elles, rien de véritablement impossible et qu'elles sont capables de briser toute résistance. Cet idéal féminin n'est pas propre à la tragédie française classique ; il pénètre toute la littérature de l'époque. Georges Scudéry a écrit un ouvrage, *Les Femmes illustres ou les Harangues héroïques*[1], dans lequel, au goût du temps, les femmes célèbres de l'antiquité : Cléopâtre, Portia, Lucrèce, Calpurnia, et d'autres expriment leur attitude héroïque, dans un grand malheur ou une vicissitude du destin. Le roman français lui–même, à cette époque, avec La Calprenède et Mlle de Scudéry, prend un tour de plus en plus historico-héroïque[2]. Quant à Corneille, il déclare expressément accepter volontiers le reproche d'avoir peint ses figures de femmes trop héroïques. Car une telle objection ne devrait pas effrayer le poète tragique ; ce qu'il lui faudrait craindre, ce serait le reproche inverse d'avoir donné à ses héros des traits trop doux et trop féminins[3]. Ces figures de femmes donnent la clé du caractère de Christine ; par elles, on comprend qu'avec toute sa « bizarrerie », elle n'est pas isolée dans son temps, mais au contraire intimement rattachée à un certain idéal de cette époque.

Une considération analogue nous aidera peut-être à résoudre sans préjugé l'une des questions les plus difficiles et les plus obscures de la vie de Christine, afin de lui rendre justice, du point de vue historique. Le destin de Christine a voulu que l'action même qu'elle considérait comme la plus héroïque de sa vie tombât sous la plus sévère condamnation de ses contemporains et de la postérité. Déjà de son temps, son abdication apparut, sinon comme absolument blâ-

---

(1) Paris, 1661.

(2) Détails, dans F. BRUNETIÈRE, *Le Roman français au dix-septième siècle. Etudes critiques sur l'histoire de la littérature française*, 4e série, Paris, 1891, p. 27 et suiv.

(3) Préface à *Sophonisbe, Œuvres*, VI, 469. A cet égard, il est intéressant de signaler que Christine était en rapports personnels étroits avec le cercle littéraire qui représentait alors, dans la littérature française, l'idéal « héroïque » nouveau. Georges Scudéry lui a dédié son poème épique *Alaric* (1654), et sa sœur, Madeleine de Scudéry, a introduit un portrait de Christine dans son ouvrage *Le grand Cyrus*, qui, sous la forme du roman historique, peint un grand nombre d'hommes et de femmes de la cour française et de la société française (Détails dans l'ouvrage de VICTOR COUSIN, *La société française au dix-septième siècle*, I, 210 et suiv.).

mable, du moins comme incompréhensible et ambiguë. Une telle action ne pouvait, pensait-on, être inspirée que par la légèreté et la vanité. « La première princesse du Nord, et qui le pouvait rester par son importance politique et personnelle, a-t-on écrit, devint volontairement une vagabonde, une aventurière, et fit tout pour se montrer indigne de son père »[1]. Mais nous trouverons, me semble-t-il, aussi bien du point de vue psychologique que du point de vue moral, une réponse plus claire et plus satisfaisante, en transposant, ici encore, le problème de l'individuel au général. A nouveau, le drame de Corneille nous servira, dans cette traduction, de point de comparaison ; car, pour la psychologie du XVIIe siècle, en particulier pour la psychologie politique, Corneille constitue une mine presque inépuisable. Aucun autre auteur n'a été aussi ingénieux pour exposer des complications politiques, et nul, autant que lui, ne nous a fait contempler de l'intérieur le réseau secret des passions politiques. Dans les drames de la dernière période, cet intérêt dominant est devenu si fort que l'art est déchu presque en artifice. La tragédie *Othon*, par exemple, ne fait des différentes figures du poème, Othon, Vinius, Galba, Camille, Plautine, guère des personnages déterminés, des caractères dotés de propriétés invariables ; le poète s'en sert comme de pièces d'échiquier, dans le grand jeu d'intrigue qu'il joue devant nous, les poussant d'un côté ou de l'autre, selon ce que le jeu exige. Ainsi Corneille prend l'ambition pour thème fondamental et principal de son drame. Toutefois, dans les grandes tragédies de sa jeunesse, jouait encore un autre ressort, qui non seulement équilibrait l'ambition, mais pouvait la détourner et la changer en son contraire. Les hommes que Corneille représentait alors aspirent à la puissance, mais ils sont attirés bien plus par la conquête de la puissance que par sa simple jouissance. Ce sont des volontaires, non des jouisseurs ; et comme tels, ils recherchent la peine plus que son fruit. Aussi peut-il arriver que la puissance, une fois conquise, commence à leur sembler fade et vide. Le plus grand et le plus illustre exemple en est l'Auguste de *Cinna*. Il n'a négligé aucun moyen pour s'approprier une puissance illimitée, mais il sent, maintenant, qu'elle n'apaisera pas son désir. En possession de la plus haute puissance souveraine, il veut abdiquer. Soudain, il lui devient clair que, pour être

(1) KUNO FISCHER, *Descartes*, p. 253.

vraiment libre, il doit s'engager sur un chemin opposé. La des-
cente doit suivre la montée :

> *Cet empire absolu sur la terre et sur l'onde,*
> *Ce pouvoir souverain que j'ai sur tout le monde,*
> . . . .
> *N'est que de ces beautés dont l'éclat éblouit,*
> *Et qu'on cesse d'aimer sitôt qu'on en jouit.*
> *L'ambition déplaît quand elle est assouvie ;*
> *D'une contraire ardeur son ardeur est suivie ;*
> *Et comme notre esprit, jusqu'au dernier soupir,*
> *Toujours vers quelque objet pousse quelque desir,*
> *Il se ramène en soi, n'ayant plus où se prendre,*
> *Et monté sur le faîte, il aspire à descendre*[1].

A nouveau, nous apercevons, dans le miroir de la poésie tragique, le destin qui fut celui de Christine et la manière caractéristique de sa pensée. Elle aussi croyait, lorsqu'elle abdiqua,
remporter une victoire sur elle-même, elle était fière d'avoir
été capable d'une telle victoire, d'avoir été en mesure de mettre
sous ses pieds une couronne que les autres souverains placent sur
leur tête[2]. Car la couronne était sans valeur pour elle, si elle n'allait
pas de pair avec un « cœur royal »[3], c'est-à-dire capable non
seulement d'acquérir et d'augmenter sa puissance, mais d'y renoncer[4]. Etait-ce par excès ou par une exagération maladive de
« l'idéalisme de la liberté », propre au stoïcisme-cartésianisme,
que Christine pensait et sentait ainsi ? Il faut nous garder de
tels jugements ; nous devons songer que d'autres natures, absolument « réalistes », étaient capables, au XVIIe siècle, du même
sentiment. Parmi les hommes de la génération de Corneille, cette
génération qui, selon le jugement de Lanson, a fourni le modèle

---

(1) *Cinna*, II, I.
(2) Notes marginales manuscrites de Christine au « Portrait » de Chanut de
1648 : « Aussi fait elle gloire d'avoir mis sous ses pies ce que le reste (des) rois porte
sur leurs testes » (voir M. WEIBULL, *Mémoires de Chanut, Hist. Tidskrift*, 1887,
p. 70.)
(3) Ouvrage du Loisir, BILDT, 901 : « Quand le cœur n'est pas royal, on n'est
jamais roi ».
(4) Cf. Antiochus, dans *Rodogune*, I, 3 :

> *Un grand cœur cède un trône, et le cède avec gloire :*
> *Cet effort de vertu couronne sa mémoire.*

à sa poésie, Lanson nommait aussi le cardinal de Retz. Il est du
type de ces ambitieux dont toute la vie était au service de la lutte
pour la puissance politique. Mais sa carrière a une fin singulière.
En 1675, il prit soudain la résolution de dépouiller la pourpre et
de quitter le monde. En vain ses amis lui remontrèrent-ils que,
pour mener une vie pieuse, il n'avait pas besoin de renoncer à la
dignité de cardinal : il renvoya au pape son chapeau rouge. Les
contemporains de Retz ont jugé cet acte de manières très diverses.
Certains n'ont vu, dans « cette démission solennelle », qu'un grand
geste, provoqué par le désir de faire parler de soi à tout prix.
La Rochefoucauld écrivit à Madame de Sévigné que la retraite
de Retz était la plus éclatante et la plus fausse action de sa vie.
« C'est un sacrifice qu'il fait à son orgueil, sous prétexte de dévo-
tion : il quitte la cour, où il ne peut s'attacher, et il s'éloigne du
monde qui s'éloigne de lui. » Mais Mme de Sévigné défend Retz
contre de tels reproches. « Son âme est d'un ordre si supérieur,
écrit-elle à sa fille, qu'il ne fallait pas attendre une fin de lui toute
commune, comme des autres hommes. Quand on a pour règle
de faire toujours ce qu'il y a de plus grand et de plus héroïque,
on place sa retraite en son temps, et l'on laisse pleurer ses amis »[1].
Les jugements de Mme de Sévigné sont presque toujours instruc-
tifs et caractéristiques de la manière de penser de son époque.
Aussi pouvons-nous conclure de son appréciation que le XVIIe
siècle comprenait l' « héroïsme » en un autre sens que nous ne sommes
habitués aujourd'hui à le faire. Ce siècle a, dans le domaine de
l'art, érigé un idéal rigoureux de la *forme*, auquel, dans la morale,
correspondait un idéal de *mesure*. Conformément à cet impératif
éthico-esthétique, il n'a pas vu la vraie grandeur dans l'excès
illimité des aspirations et de l'activité humaines. Cette époque
exigeait le pouvoir et le courage de s'arrêter à un moment donné.
Elle n'honorait pas la simple expression et l'explosion sans retenue
de la force : elle réclamait, de la force véritable, la limitation
et la modération volontaires de soi-même. Elle reconnaissait un
héroïsme, non seulement de l'action, mais aussi du renoncement.

(1) Mme DE SÉVIGNÉ à sa fille, 5 juin 1675. Les indications sur la retraite
de Retz, dans notre ouvrage, sont empruntées à l'étude, *Le cardinal de Retz
et les Jansénistes*, écrite par R. DE CHANTELAUZE et publiée par SAINTE-BEUVE
comme appendice au 5e volume de son *Port-Royal* (5e éd., Paris, 1888, V, p. 526-
605). Sur les rapports de Christine et du cardinal de Retz, voir CHANTELAUZE,
Le Cardinal de Retz et ses missions diplomatiques à Rome, Paris, 1879, p. 416.

Les exemples de cette attitude d'esprit sont nombreux également dans le domaine purement spirituel. Là aussi, des hommes, au sommet de leur gloire, par une subite décision, ont tourné le dos à la gloire. Comme Christine a renoncé à son trône et le cardinal de Retz à sa pourpre, Racine, à l'apogée de sa puissance créatrice, après *Iphigénie* et *Phèdre*, a renoncé aux lauriers poétiques et abandonné la scène. Ces événements, si remarquables, doivent être présents à l'esprit, lorsqu'on veut trouver une juste appréciation de la pensée et de la conduite de Christine. Christine appartient absolument à son époque. Elle y a puisé toute sa culture intellectuelle et morale, et elle ne saurait jamais la renier. Si l'on considère l'ensemble de ses convictions morales théoriques et la manière dont elles se sont développées, si l'on envisage sa relation avec le stoïcisme et avec Descartes, si l'on approfondit l'étude de ses écrits, on ne trouve rien qui permette de conclure à une simple légèreté ou à une « grandeur fausse et théâtrale ». Tout porte bien plutôt la marque de la sincérité, d'une vraie aspiration à la vérité. La tragédie du destin de Christine a consisté en ce qu'elle ne put jamais mettre à l'unisson le vouloir et l'accomplissement, la connaissance et la vie. L'idéal de liberté intérieure qu'elle avait emprunté au stoïcisme l'attirait invinciblement. Mais elle ne pouvait atteindre cette « suffisance en soi-même » qui aurait opéré le renoncement aux biens extérieurs de la vie. Toute son existence, dès l'origine, était portée vers l'éclat, le déploiement de pompe extérieure, auxquels elle ne pouvait, ni ne voulait renoncer. Elle était trop clairvoyante et trop attachée à la vérité pour pouvoir se dissimuler ce conflit ; elle était, d'autre part, trop énergique et trop passionnée pour pouvoir se contenter d'un compromis.

Elle accusait de ces conflits la faiblesse féminine, dont elle savait n'être nullement exempte, et par rapport à laquelle elle ne se voulait point exceptionnelle[1]. Evidemment, cette explication est insuffisante. D'autres et de plus profonds motifs condamnèrent Christine à cette agitation et à cette inquiétude qui caractérisent sa vie extérieure, comme sa vie intérieure. Elle est du nombre de ces « natures problématiques » dont Gœthe dit qu'elles ne sont jamais à la hauteur de la situation dans laquelle elles se trouvent, et qu'aucune

---

[1] Cf. l'autobiographie de Christine, dans ARCKENHOLTZ, III, 68.

ne les satisfait[1]. Le caractère de Christine ne manque nullement de constance, et, dans plusieurs moments critiques de sa vie, elle a donné des preuves de courage et de cette « invincible ténacité » qu'elle plaçait si haut[2]. Cependant l'obstination avec laquelle elle savait poursuivre un but une fois posé n'exclut pas une certaine instabilité dont elle ne put jamais triompher[3]. Aussi lui devint-il de plus en plus difficile de donner un ferme dessin à sa vie, tant extérieure qu'intérieure. Elle n'en reste pas moins une personnalité non seulement intéressante, mais remarquable ; intéressante et remarquable non seulement par elle-même, mais parce que tous les grands idéaux du siècle auquel elle appartient se reflètent en elle avec fidélité, malgré une réfraction souvent singulière.

---

(1) GŒTHE, *Maximen und Reflexionen*, éditées par Max HECKER, Weimar, 1907, n° 134.

(2) Cf. Ouvrage du Loisir, BILDT, 125 : « L'invincible courage ne s'étonne de rien ».

(3) La correspondance de Christine avec le cardinal Azzolino, entre 1666 et 1668, éditée par BILDT, donne surtout cette impression.

TABLE DES MATIÈRES

Achevé d'imprimer par l'Imprimerie de la Manutention à Mayenne
Février 1997 – N° 47-97